**Rethinking
Reconstructing
Reproducing**

*

———

"精神译丛"
在汉语的国土
展望世界
致力于
当代精神生活的
反思、重建与再生产

———

*

La comunità che viene

Giorgio Agamben

———————————

[意] 吉奥乔·阿甘本 著 相明 赵文 王立秋 译

精神译丛·徐晔 陈越 主编

———————

来临中的共同体

吉奥乔·阿甘本

目 录

一、任何一个 / 1

二、来自灵薄地的 / 5

三、示例 / 11

四、发生—就位 / 17

五、个体化原则 / 23

六、安处 / 29

七、式样 / 35

八、邪恶的 / 41

九、巴托尔比 / 45

十、不可挽回的 / 51

十一、伦理 / 57

十二、《蒂姆牌连裤袜》 / 61

十三、光晕 / 67

十四、假名称 / 73

十五、无阶级 / 77

十六、在……之外 / 83

十七、可共名却各异其是的东西 / 87

十八、舍金纳 / 97

2　来临中的共同体

不可挽回 ／ 105

　　I ／ 107

　　II ／ 110

　　III ／ 120

2001 年 解注 ／ 127

　　夜幕下的复原 ／ 129

附录 ／ 133

　　世界的"少许不同":吉奥乔·阿甘本《来临中的

　　共同体》导读　玛利亚·德·罗萨里奥·阿科

　　斯塔·洛佩兹 ／ 135

　　"自我的新使用":阿甘本论来临中的共同体

　　杰西卡·怀特 ／ 166

关键词对照表 ／ 201
译后记 ／ 203

*Dit buchelin heizit ein paradis der fornuftigin sele,
paradisus animae intelligentis.* ①

Quodlibet est in quolibet et nihil est extra se. ②

---

① 这段话是古德语,现代德语译文为:Dies Büchlein heist:Das Paradies der erkennenden Seele. 可译"这本小书可被称为:理性灵魂的乐园。"——译注

② 拉丁语:"任何就是任何本身里面,它外面就是无。"——译注

一、任何一个

Qualunque

来临中的存在是任何一个存在。经院哲学在枚举诸超验的东西时(quolibet ens est unum, verum, bonum seu perfectum——任何一个实体都是单一、真实、美好或完满的),就其个别而言依然没有得到思考,却是所有其他术语之意义的条件的术语,是形容词 quodlibet。这个词通译法是"任何一种存在",在"任意一存在,没有什么差别"的意义上,这个译法是对的,然而,就其形式而言,拉丁语原词表达的正好相反:quodlibet ens 并非"无论什么的任一存在(l'essere, non importa quale)",而是"它所相关的任何此类的存在(l'essere tale che comunque importa)";该词总是已经包含了对意愿(libeit)的指涉,"想得到的(qual-si-voglia)"任何一个存在都同意愿有起源性的关系。

这里谈论的任何一个存在与个别性(singolarità)是有关的,此一关联并非就它在某种共同的属性(某个概念,比如是红头发的,是法国人,是穆斯林)方面的无差别而言,而是就它**如其所是**(essere tale qual è)地存在而言。所以,个别性也就从迫使知识在个体事物的不可言表性(ineffabilità)与普遍事物的不可知性(intellegibilità)之间做出选择错误的两难境况中解救出来。因为,可知之物(l'intellegibile,或者说可理知的东西),按照列维·本·吉尔松的一个很漂亮的说法来讲,既非普遍的东西,也不是属于某序列中的个体,而毋宁说就是"就其为任何个别性而言的个别性(la singolarità in quanto singolarità qualunque)"。在这个概念中,**如此**从它所有的这样或那样的属性中被收回了,正是这些属性使它属于这样或那样的集合,属于这样或那样的种类(红头发的,法国人,穆斯林)——不是继续指向另一个种类,指向一切从属关系的简单缺失,而是指向"这般的"存在(esser-tale),指向从属关系本身。因此,如此这般的存在——此种存在总是不断地消隐在所属条件之中("有一属于 y 的某 x"),并且绝非是真实述谓——是自行澄明的:如此被展露出的个别性乃是所想的——也就是说可爱、可欲的——任何一个存在。

爱从不指向被爱者的这样或那样的属性(金发,玲珑,温柔,跛足),但它也不会忽视这些属性而偏好某种乏味的普遍性(普遍的爱):爱用它所述谓的一切欲求某物,它的存在如其所是。爱者所欲的只是"这般"(tale)——这就是爱的特殊的拜物教。故此,任何一个个别性(任何可爱之物)都绝非对某物的理知,都绝非是对这个或那个质或本质的理知,而只能是对某可知性的理知。被柏拉图描述为"爱的回忆"的那种运动是这样一种运动,它不是把对象送到另一物那里或另一个地方,而是使该对象恰如其分地就它自身之位置(stesso aver-luogo),即把该对象送到"观念(idea)"那里。

二、来自灵薄地的

Dal Limbo

二、来自灵薄地的

任何一个的个别性来自何处?其领域为何?圣托马斯关于灵薄地的问题,包含着可作为回答的要素。根据神学理论,事实上,对除原罪外没有受过其他罪恶的未受洗而死去的婴儿的惩罚不能是一种惩戒性的惩罚——就像地狱的惩罚那样,它只可能是一种私人性的惩罚,包含着永远不得见神的形象(visione)的惩罚。灵薄地①的居民,与被诅咒者相反,并没有从这缺乏中感到痛苦:因为他们只有自然的知识,而没有超自然的知识——这种知识在洗礼时注入我们体内——,故而他们不知道他们被剥夺了至高的善,或者说,即便他们确实知道(就像另一种说法所声称的那样),他们从中所受的痛苦也不可能超过一个有理智的人因不能飞翔而感到的痛苦。若他们要感到痛苦,那么,他们就会苦于一种他们不能弥补的损失,因此他们的痛苦,将以把他们引向像被

---

① limbo,众所周知,在宗教语境中该词指代一种神学假设,神学家借以讨论一些特定的人"得救"的可能性,这些人没有犯罪,但也没有明确体验到"教会"或基督,所以这些人无法进入天国,也不必进入炼狱炼净,他们在审判之后所处的那个模糊的中间位置就被称为"灵薄狱"。阿甘本在这里使用该词来说明他的"第一哲学"对象,这一对象即在"是"和"非"之间、"有"和"无"之间的关键性的"非非之是"和"无无而有"的"涌出"性的"是"的展开。详见本书"不可挽回"之 II。故我们将 limbo 一词译为"灵薄地"。——译注

诅咒者那样的绝望而告终。这不会是正义的。而且,他们的身体,就像有福的人的身体那样,是不可能被感染的;他们是无知无觉的(impassibili)。但只有在涉及神的正义的行动的时候才这样;在所有其他的方面,他们都完全享有他们自然的完满。

最大的惩罚——即无缘见神——因此也就转变为了一种自然的愉悦:不可弥补的丧失,他们在遭神遗弃中无痛苦地寓居着。神并没有遗忘他们,但相反他们总是遗忘神;和他们对神的遗忘(oblio)相较,神对万物的善忘(dimenticanza)是无力的。就像没有寄送地址的信件一样,这些再生的存在依然漫无目的。既不像被拣选者一样有福,也不像被诅咒者那般无望,他们充满了不可售(inesitabile)的愉悦。

这种灵薄地的自然,正是罗伯特·瓦尔泽的世界的秘密。他的受造物不可挽回地陷入了迷途,但却是迷失在一个超越于沉沦与救赎之外的地域:他们的无足轻重(nullità)——他们是如此骄傲于此——首先就是一种对救赎的抵消(neutralità)——对救赎的观念本身(l'idea stessa della redenzione)发起的有史以来最激进的反对。真正不可救赎的生命,是一种没什么可被拯救的生命,而基督教这架强力的神学机器——oiconomia(经济)——就搁浅在它面前。由此,谦卑与恶行,草图素描式的无思无觉同严谨审慎的风格奇妙地混合在一起,这便形成了瓦尔泽笔下人物形象的特征;于是才有了他们的含混不明,以至于同他们构成的一切关系,似乎都总像是榻上弥留(sempre sul punto di finire a letto):那既不是异教徒的自大(hubris),也不是动物的羞怯,而仅仅是来自灵薄地的、对神的正义的无知无觉(impassibilità)。

就像在卡夫卡《在流放地》(*Colonia Penal*)中因行刑的机器毁坏而幸存下来的那个被释放的罪犯一样,这些受造物把罪与正义的世界留在他们身后:洒落在他们面前的光芒,是来自审判的终末日(novissima dies)后不可挽回的曙光。但终末日之后在大地上开始的那种生命,就是人的生命。

三、示例

Esempio

个体(individuale)和共相(universale)之间的二律背反源于语言。实际上,"树"一词,就其以普遍意指取代不可言表的个别的树而言,无差别地代表了所有的树(terminus supponit significatum pro re①)。换言之,它把个别性(singolarità)变成了某个类之下所辖的诸部分,该类的含义规定出了共同属性(规定出了属于该类的条件,即∈②的条件)。现代逻辑学集合论中集合的偶然性源于这样一个事实,即,集合的规定性仅仅只是语言含义的规定性。全集 M 中相互区别的个别物 m 之所以属于该全集,不是由于别的,只是由于命名。于是就有了集合的难解悖论,即便是再"厉害的类型论"也没法自命能解决这些悖论。实际上,这些悖论划出了语言学意义上的存在的场域。语言学意义上的"是"(essere linguistico,即语言中的"A 是 B"之"是")就是集合——既是它自己集合内的成员又不是它自己集合内的成员的一种集合。语言学意义上的存在(以"是"而被判断的存在)是一个集("树"的集合),此集合同时还是个别性("**某棵树**""**一棵树**""**这棵树**");含义调停——由符号∈所表现的含义调停——永远不可能弥合裂

---

① 拉丁语:"词语的含义取代了事物本身。"——译注
② ∈即集合关系中表示属于的符号。——译注

隙，而这些裂隙正是冠词能自在地活动于其中的场所。

我们熟知一个跳出了共相和特殊间的二律背反之外的概念："示例(l'esempio)"。在它发挥其作用力的任何语境中，示例的典型特征都体现为这样一个事实，即，示例可有效说明同一种属包含的所有情况，同时又同这些情况一道都包含于同一种属。示例是集合中的个别性，但是又能代表同集合内其他所有情况的每一个，能有效说明它们的每一个。一方面，每一个示例实际上都被视为一个真实的特殊情况；但另一方面，人们从来认为，示例不能有效地说明它自身的特殊性。示例之为示例，即在于，它既非特殊，亦非共相，而是一个别物，此个别物——这么说吧——如此这般地**呈露**它本身、它的个别性。因此，希腊语用来表达"示例"的词 para-deigma，这个词要表现的就是这样一个意思：相近呈示（德语 bei-spiel 一词与希腊语的构造相同，也是相近呈示的意思）。示例专有的位置总是同它自身相近的，此位置位于空的空间之中，示例自身无法定义且不可遗忘的生命就在那里展开。这种生命纯然是语言生命。唯有词语中的生命是不可定义的和不可遗忘的。示例性的存在纯然是语言存在。示例的东西，除了可以"是"被称呼之外，不可由任何属性界定。不是红色本身，却可被以"是红色的"来称呼；不是雅各布本身，却能被以"是雅各布"来称呼，此即示例。由此又有了示例的含混性，只要你决意严肃审视示例的话。以"是"被称呼——此即一切可能的类属性（被以"是意大利人""是狗""是共产主义者"来称呼的一切可能）的属性——又可能使所有这一切可能的类属性受到彻底的质疑。恰恰是这种

"最大共同性(Più Comune)"剪除了所有实际的共同体。任何一个存在(essere qualunque,任何一种"是")的无能的全能(impotente onnivalenza)遂由此现焉。任何一个存在(任何一种"是")不是无涉意愿的,也非任意搭配或放任自流的"是"。这些个别性只能在示例的虚空的空间中传递出消息,并且不受任何共同属性、任何同一性的束缚。它们使自身剥掉了所有同一性,这样方能占有类属性本身,才能占有那个符号∈。仿品或赝品、辅助图或草图,都是来临中的共同体的示例。

四、发生—就位

Aver luogo

唯有在我们明白了善不是也不可能是毗邻于坏事或坏可能性的——或是高踞其上的——好事或好可能性之后，唯有在我们明白了本真与真实并非与虚假和非本真构成了完满对应关系(甚或对反关系)的客观真实述谓之后，伦理的意义才能显豁出来。

善使自身被揭示为不过是对恶的把握，本真和确实(proprio)的内容不是别的，而就是非本真和不确实(improprio)——唯当如此，伦理才得以开始。古代哲学谚语"*veritas patefacit se ipsam et falsum*"①说的就是这个意思。真实唯有借由指明虚假才能使自身得以显现，而虚假也绝不可能是被隔离到另一地方或被弃绝于另一地方的东西；相反，动词 *patefacere*(显现)的词源学含义意指"开放"、与 *spatium*(地方)的开放相关。据此可知，真实只有在为非真给出空间、给出一个地点的过程中才使自身显现。也就是说，真实只显现为虚假的发生—就位(aver luogo)，只显现为内包在真实自身之内的不确实(improprio)的外显。

本真和善迄今在人们中间占据了某个单独的位置(它们是**局部地方**)，大地上的生活故此当然总要无限地趋于美好(我们迄今都认为人要进到本真之中)，但只要还是这样，对不确实的占有本

---

① 拉丁语，意为：真实同时将它自身与虚假显示出来。——译注

身就总是不可能的，因为，对本真的每一次确证都会导致不确实被移除到另一处地方，道德借此也同时高高竖起它的藩篱。对善的攻占因而必然意味着被驱逐的恶的同步增长；天堂围墙的一次次加固，都相应地反射着地狱深渊的一次次加深。

我们尚未据有任何一种确实性（充其量，我们仅被授予了极微末的一些确当性碎片），对我们而言，这反倒开启了——也许是首次——如此这般地对不确当性进行某种占有的可能性，这种对不确当性的占有将再不会在它自身之外留下任何地狱的残余。

自由性灵学说和诺斯替教义中的完满者无瑕论必须以此方式得到理解。不像护教辩论者和宗教裁判粗暴歪曲的那样，自由性灵或完满者无瑕论并不是说，完满者可以无罪地施行最残暴的罪行（这是任何时代里的道德学家的堕落幻想）；相反，自由性灵或完满者无瑕论意味着，完满者占有了恶和不确当性的全部可能性，因而也就不可能施行恶了。

不是别的，正是这构成了在1210年11月12日把贝纳的阿马力（Amalrico di Bene）的追随者们送上火刑柱的异端学说内容。贝纳的阿马力解释过，基督教早期使徒所主张的"神是整全之中的整全"乃是对柏拉图"空间（chora）"学说的激进神学发展。神作为每个事物于那里"是着"的位置而"是"于每个事物之中，或者说，神作为每个存在物的决定或"位性（topicità）"而"是"于每个事物之中。因此，超验存在不是高踞于万物之上的某种至高实体；相反，万物的发生—就位才是纯超验的——绝对的内在性。

神，或善，或位，其自身无位，它只是让所有存在物各就各位，让万物内在的可外显性得以发生。神是虫的"虫之是",是石头的"石头之是"。世界存在,事物皆有象有形,有外在性和可识别性,由此而有各个事物的决定和边界:所有这些都是善。它在世界之中那不可勾销的"是",即是超越了世界中的每个存在物、让世界中的每个存在物得以显现的东西。相反,恶是以类比他物的方式对事物各就其位的发生的化简,是对事物各就其位的发生中内在超验性的遗忘。勿这样化简,莫作此遗忘,善就在这里而不在别处:基本点就是,万物各即其位,万物紧依各自的内在超验性质料。

在这个意义上——也只有在这个意义上——,善必须被界定为恶的自显,得救必须被界定为即临自身之位。

五、个体化原则

Principium indivuationis

"任何一个"是个别性的母体,无此,存在或个体化就是不可思议的。我们知道,经院哲学提出个体化原则(Principium Indivuationis)的难题的方式是这样的:托马斯·阿奎那将个体化定位在质料,相反,邓·司各脱则把个体化设想为对共同自然/性质或共同形式(比如说,人性这种共同自然/性质或共同形式)的一种补充,这种补充又不是来自另外的形式,或者另外的本质或属性的,而是来自一形式本身的"终成性(ultimità)"、来自一形式本身的"**最后现实性**(*ultima realitas*)"。个别性并未给形式添加什么东西,它补充的只是"**个别性**(*eccità*)"(用吉尔森的话来说:没有借由形式之力而实现的个体化,只有形式本身**的**个体化。)故此,根据司各脱的说法,共同形式或共同自然/性质必定对所有任何一个个别性而言是一律无差别的;共同形式或共同自然/性质本身就其自身而言既非特殊也非普遍,既非一也非多,唯其如此,它才"并不拒绝借由任何一个个别性单位被置出"。

司各脱的局限在于,他似乎将共同自然/性质思考为某种先前现实性,这种先前现实性具有的属性是,它对任何一个个别性而言都是一律无差别的,个别性只为它补充了个别性。故此,司各脱恰恰避而不谈同个别性不可分离的"**可任何一个化**(*quodlibet*)",并且他在对此毫无意识的情况下,又使一律无差别性成了个体化的实际根基。但"可任何一个化的特性(quodlibetalità)"不是一律无差别的;"任何一个性"甚至也不是就个别性对共同自然/性质的依赖性做表达的个别性之谓词。既然如此,"任何一个性"和"一律无差别性"的关系是什么呢?如何理解共同的人对个别的人的一律无差别性呢?构成了个体之"是"的个别性又是什么呢?

我们知道,阿贝拉尔的老师尚波的威廉姆(Guglielmo di Champeaux)强调说过"观念 non essentialiter, sed indifferenter(无本质差别地)在个别个体中现在现前"。司各脱则明确说共同自然/性质与个别性之间没有本质差别。这就是说,观念和共同自然/性质并不构成个别性的本质。个别性——在这个意义上说——是绝对非其所是的,也就是说,个别性的辨别标准应在所是/本质或概念之外去寻找。共同性和个别性之间的关系因而再也不能被设想为单个个体所分有的同一所是/本质的持续,个体化难题本身总是有被表述为伪问题的风险。

在这方面最富教益的莫过于斯宾诺莎思考共同性的那种方式。斯宾诺莎说,所有物体/身体在表现神的广延属性方面是共同的(《伦理学》第二部分命题十三补则二)。可是,共同的东西绝不是构成个别事物的本质/所是的东西(《伦理学》第二部分命题三十七)。本质各异的事物组成的共同体的观念、会同性——**绝不牵涉本质**的会同性——的观念,在这里是至关重要的。**个别事物的各就其位地发生、它们在广延属性中的联系,并不使它们在本质/所是中统合为一,而是让它们在实存中散解开来。**

使"任何一个"得以构成的,不是共同自然/性质对个别事物而言的一律无差别性,相反,恰是共有与专有的混然无差、种与类的混然无差、本质与偶性的混然无差构成了"任何一个"。"任何一个"是**带着它的全部特性**的东西,而它的全部特性又都不构成差异。诸特性的齐一性,才是使个别性获得其自身的同一性并弥散开来的东西,才是使个别性得以"任意而出(quodlibetali)"的东西。人的每个词既非对共同性(语言)的占有,词本身也不表义。人的面孔也是这样,人的面孔既非对一个个脸所属的类的个性化,也非是对一个个单个特点的总全化:人的面孔就是任何一张面孔,在那里,属于共同自然/性质的东西和它所专有的东西都绝对地是齐一的。

中世纪哲学家们所论的力量到动作的过渡、共同形式到个别性的过渡的学说必须在这个意义上来理解,这一过渡绝非是一次性完结地完成的单一事件,而是样式的起伏波动的无限序列。个别实存的个性化不是点状的事实,而是诸实体的线性生成(linea generationis substantiae),这种生成依据增长消退、就位失位的连续性渐变而变化着。线的象并非偶然任意。譬如,在一条划出的线中,手的动作连续地将字母的共同形式转化为特殊特性,这些特殊特性个性化地表出了字母共同形式的个别性的现在现前,但在字母共同形式和个别性两个领域之间划出实际的分界线又是绝无可能的——甚至在使用严苛的笔迹学(grafologo)(方法)的时候也绝无可能,就面孔的情况而言,亦复如是,人的自然/性质连续地转化为实存,正是这种连续不断地置出构成了面孔的表现性。我们也可以从相反的方向来说,比如说,我写 P 这个字母或发 P 这个音的专属于我的方式里体现了数以百计的个人癖性,P 的共同形式恰恰就是在这些个人癖性中生发出来的。"任何一个",其脊分两侧,一侧为共有、为类属,另一侧为专有、为个体。就像陀思妥耶夫斯基《白痴》里的梅什金公爵能毫不费力地模仿任何笔迹并以他人的名义签名("谦卑的帕甫努提乌斯在此签名"),在他的笔迹中,特殊的和类属的成为齐一,这就是"低能者(白痴)"的"无力性"所在,这也就是"任何一个"的特殊性。力量到动作的每次过渡、语言到言语的每次过渡、共同性到专有性的每次过渡,这种过渡在每一次发生的时候,展现出了来回沿两个方向转动而闪出的一条交替闪烁的线迹,共同自然/性质和个别性、力量和动作在这种来回转动而发生的闪烁中进行着角色交换并相互渗透。这条闪烁的线迹中生发出来的"所是"就是"任何一个",共同性转为专有性、专有性转为共同性的这种方式就被称为运用(uso)——或毋宁说,ethos(气禀)。

六、安处

Agio

据《塔木德》说,每个人都有两个地方等着他。一处在伊甸,一处在地狱。义人在被判定为清白之后便会获得伊甸园中的一个位置,且再加上某个被判定永罪的邻人的位置。而不义的人在被判定有罪之后便会获得地狱中的一个位置,且再加上某个得救了的邻人的位置。故此,《圣经》说义人"得他们加倍的产业",又说不义的人"遭加倍的毁灭"。

在此段经文故事所勾勒的地形中,伊甸和地狱之间的制图学区分还不是那么重要,更重要的是每个人都不可避免地要得到邻人的位置。每个人在临终并履行完他的命运的那一刻,他由于这一原因而必定发现自己获得了邻人的位置。每个受造物最本己的东西因而反而是它自身的代换性,反而是它在他者位置上的存在。

伟大的阿拉伯学者马西农（Massignon）年轻时冒险在伊斯兰地区改宗天主教,而在他生命即将结束时又创立了一个名为"Badaliya"的团体,此名即源于阿拉伯语中的"代换"。该团体的成员立誓把自己**代换**成另外的人而生活,也就是说,**在他人的位置上**成为基督徒。

这种改换可以两种方式去理解。第一种理解将他人的堕落或罪愆视为我自己得救的机会;依据某种并无多少教益的经济学,失乐园与受拣选,堕落与上升,一失必有一得。(在这种意义上说,"Badaliya"不是别的,就是对其同性恋朋友的替代补偿,此人1921年自杀于瓦伦西亚监狱,而马西农在改宗时就已经同他疏远了。)

但"Badaliya"还容许另一种解释。实际上按照马西农的意图来说,改换成另一人不是说以得失相换或改正前愆,而是说**我须从我自己这里撤出去,这样才能让我成为有其本身性灵的基督的安处容身之所,才能让他在我这里得以自行发生——就位**。这种代换不择处而起,唯其如此,每个个别存在在那里的所就之位总是"我尔与共的"、空的空间,每个个别存在都将在那里被供以独异的、不可撤换的款待。

拆除伊甸和地狱的隔离墙,此即让"Badaliya"生气灌注的秘密意图。因此,在这个共同体中每个位置无不是代换为他人而行事之处,伊甸和地狱只是这个共有位置的两个名称。我们的文化向来虚构了个体的位置不可代性的假说,这么做是为了给这种文化的普遍代表性提供担保,然而,"Badaliya"相反则提出了一种无条件的代换性——既非代表他人亦非表演他人的代换性——,并且主张这样一种绝对非代表性的共同体。

故此,这种共属多人的位置——《塔木德》称之为每个人都无可避免地要领受的邻人位置——不是别的,而是每一种个别性、它的任何性存在——换言之,它的适其所是本身——的自临。

"安处(Agio)"正是这种非代表性空间的专有名称。根据该词的词源学来说,"安处"意思是近便可"处"的空间(*ad-jacens*, *adjacentia*），是对每个人而言都可能自由地活动于其中的一个场所，这个场所还带出了这样一种语义星丛，此语义星丛透露出这里的这种空间近便性乃是恰当时机（ad-agio，aver agio）中、恰切关系下的空间近便性。普罗旺斯诗人（在他们的诗歌里，这个词首次以 aizi、aizimen 的形式进入罗曼语系之中）使"安处"成为了他们诗法的 terminus tecbnicus（技术词汇），以指称"爱之处所"。说它指称爱之处所还不确切，它更是在表示爱之为对某任何一个个别性的发生——就位的经验。在这个意义上说，"安处（agio）"完满地命名了"对本己的自由运用"，根据荷尔德林的提法，"对本己的自由运用"乃是"至难的任务"。"Mout mi semblatz de bel aizin（罗马尼亚语：您真令我安适）"：在鲁德尔（Jaufré Rudel）的诗中，爱者们见面就这样互相致意。

七、式样

Maneries

中世纪逻辑学有这样一个术语,其准确的词源和专有含义至今还未得到历史学家们的耐心研究。实际上,该术语的一处来源可追溯到罗塞力诺(Ruscellino)及其追随者,他们主张"类(generi)"和"共相(universali)"都是"式样(maneries)"。萨尔兹伯里的约翰(John of Salisbury)在其《元逻辑学》(*Metalogicus*)中援引该术语时则称,他对该词不能**确切理解**(*incertum habeo*),但可以指出的是,他知道该词源于"manere"——"保持"("式样,被用来指称事物的数量和状态,每个事物都是在数量和状态中保持其所是的。")。这里提到的这些作者在谈论最接近共相的存在时称其为一种"式样(maniera)",他们这么说的时候心中想的是什么呢?或者说,他们在"类(genere)"和"种(specie)"之外何以还要引入这个第三项呢?

比萨的乌古乔内(Uguccione)的定义从侧面反映出,他们称为"式样"的东西既不是种属性也不是特殊性,而是类似于一种示例性个别性或一种包含诸多个体的个别性的某种东西,"类可被称为式样",乌古乔内写道,"只要是在这么说的时候:我的园中长着这种草,也就是说,长着这式样的草"。逻辑学家们在这些场合谈论的是一种"**理知指证**(*demonstratio ad intellectum*)",这是就"出示一物并意谓另一物"而言的。所以说,式样既非种类亦非个体:

27

它是一种示例,换言之,是任何一种个别性。这样看来,"式样(maneries)"一词或许既非源自"manere"一词(该词表达的是居留在本己之"是"的位置,普罗提诺称之为 mane,中世纪的人们常称之为 manentìa 或 mansio),亦非源自"manus"一词,而是源于"manare",意思是"是于其自身的涌现之中"。不能根据支配西方存在论的那种分裂而将这理解为一种"本质/所是"或一种"实存",这只能被理解为一种**涌出现前的式样**;这不是这种或那种"本质/所是"之"是",而是在其自身式样之**中**"是着"的"是",因而,这种"是"在保持它本己的个别性和非齐一性的同时,还是包含诸多个体的和适用一切个体的。

这种涌在现前的式样性——这种在源源不断现前的样式之中"是"的式样性——的观念,使我们找到了接通存在论和伦理学的一条通路。不持留在"其本身固应所是"之中的这种"是着",不再使自身以某个暗藏的"固应所是/本质"为**前提**——而若还是以这种"固应所是/本质"为前提,它必定就会在居有此一本质的过程中历经摇摆于偶然随机性和注定性之间种种痛苦折磨——;相反,这种"是着"在去居有其"所是"的过程中就是对其自身的**绽露**,恰恰无间无余地是着其所是,既非随机偶然地亦非必然地"是着"它的"是"本身,也就是说,总是**连续不断地由其自身的式样而生成着自身**(*continuamente generato dalla propria maniera*)。

关于这一类型的存在,我们应该想到,普罗提诺曾试着思考"唯一者"的自由和意志,并解释说,就"唯一者"而言,绝不能说它"正如其所是",而只能说它"即其所是,它并未及其本己之是";"它不停驻于它自身之中,而是运用自身以成其所是",其如此这般地"是着"非出于必然,只要它"如此这般即为至善",非此它便无可另"是"。

这种**自我的运用**的实存不是某种固定性质,而理解这种自我的运用的唯一方式或许就是将其思考为一种禀赋之流露(habitus),或一种**气禀**(*ethos*)。一物以本己方式在生成中,即其所是的这种"是着",实际上正是 habit 一词的定义(故此,希腊人常称之为"第二自然"):伦理(*etica*)**不是我们如我们固应所是地那般去"是着"的方式,不是套住我们的东西,而是我们使我们自己生成的方式**。这种以本己方式生成地去"是着"的"是"是真正对人而言可能的唯一幸福。

涌在现前的式样也是任何一个个别性的场所,是**个体化原则**(*principìum indivìduation*)的场所。对这种"是着"——由本己样式而来的"是着"——而言,决定它并使获得它同一性的特质,实际上不是某种"固应所是",而是某种"无专有性(*improprietà*)";它之所以能成为示例性的,就是因为,这种"无专属性"显现了出来,由此它才据有了它那独异的"即其所是"。一个示例之"是"示例,就在于它只"是"这个示例而已:这样一种"是"不属于它自身,故完满地成为共有的。无专有性——我们在即我们之所是中绽露的无专属性,我们所**运用**的、使我们生成的无专有性——是我们更幸福的第二自然。

八、邪恶的

Demonico

众所周知,主张撒旦最终得救的异端倾向是多么激烈地反复出现。当地狱的最后一个恶灵被擢领至天国,当救赎的历史无间无余地完结之时,瓦尔泽的世界大幕就此拉开。

我们世纪里的两位作家已然更其清晰地观察到了包围着他们的那无与伦比的恐怖——卡夫卡和瓦尔泽,但令我们惊奇的是,在他们呈现给我们的世界中,传统里邪恶的最高表现形式——邪恶——却已然消失。克拉姆,以及城堡主人伯爵,还有卡夫卡笔下的那些记录员和法官,他们都不能被列入邪恶人物的名录,更不要说瓦尔泽的那些人物形象了。如果说与邪恶要素相似的某种东西在两位作者的世界里还有所幸存的话,这幸存的邪恶残迹或许就是斯宾诺莎写下"邪恶不过是最弱的受造物和最远离神的东西"时所想到的那种邪恶形式。在这个意义上说,这种邪恶的幸存残迹在本质上来说就是无力性——它不仅不能为害,相反却是最需我们帮助的、最需我们为之祷告的东西。它就是——在其每一种实存形态之中——"无—所是"(non-essere)的可能性,这种"无—所是"暗哑无声地哀求着我们的帮助(或者,如果你愿意的话,还可以说,邪恶不是别的,就是神的无力,或者神里面的"无—所是"的力量)。恶不是别的,就是我们对这种邪恶的东西做出的不充分的反应,或者,就是我们在它面前惮于行使某种"去是"的权能(potere)的恐惧退却——而与此同时,这种逃逸也成了给我们奠基的东西。只在上述第二层意义上,无力性或"无—所是"的力量才是恶的根源。从我们自己的无力性前面逃离,或者试图将逃离当作武器使用,我们于是也就建成了恶的权柄(potere)。借此权柄,我们对那些把他们的脆弱向我们展示出来的人实施压迫;由于对我们自身最内在的"无—所是"的可能性的弃置不顾,我们也错失了那唯一能使爱成为可能的东西。事实上,受造物——或实存——并非是"是"的力量对"无—所是"的力量的斗争胜利的结果;毋宁说,受造物——或实存——正是神对它自己无力性的无能为力本身的结果,也就是——既然神**不能**是"无—所是",就任之成为偶然。或者说:受造物是神里面的爱的诞生。

是故,能击败神的全能性的东西,与其说是卡夫卡和瓦尔泽所断言的受造物的本性上的无罪责性,不如说是诱惑的无罪责性。两种无罪责性的邪恶因素不在于某个诱因,而在于无限地"受诱惑而去是着的"那种"是着"。艾希曼——绝对平庸的一个人,也是恰被法权和法律的力量诱惑向恶的一个人——是一个恐怖的明证,我们的时代已经用这个明证报复了由那些力量做出的那种诊断。

九、巴托尔比

Bartleby

康德把可能性的图式界定为"事物在任何时间内再现自身的决定"。在力量(potenza)和可能性——就它们与现实性相区别而言——中,固有着"**任何一个**(*qualunque*)"的形式,固有着某种不可化简的"可任何一个化(quodlibetale)"的特性。但力量(potenza)在这里是什么呢?在这个上下文中"任何一个(qualunque)"是什么意思呢?

根据亚里士多德的说法,每一种力量都可分为两种样式,在此上下文中至关重要的是被哲学家称为"**无—所是的力**(*dynamis me einai*)"的样式或"**不发力**(*adynamia*)"的样式。"是任何一个"之"是"也总是有着力量特征的,如果说这是事实,那么同样可以确定的是,"是任何一个"之"是"不可能兴作而为这个或那个的具体之"是",故此,它既不干脆就是"无能限"——即被褫夺它本身的力量——,也不可能齐一地是任何东西之"是":本己地"是任何一个"之"是"是能不"去是"的"是",是能"是于"其自身的"不发力"("无—所是")之中的"是"。

在这里,一切的关键就在于力量向动作的过渡的"即将发生"。实际上,"能去是"与"能不去是"之间的对称性仅仅是表面上的。对"去是"的力量来说,力量有特定的某个动作为其目标,也就是说,对这种力量而言,希腊语所言 *energein*——兴作而为动作的"是"——只可能意味着成为特定的活动(因此,谢林将这种力量界定为"**盲目服从的**",它除了按动作活动之外别无所是);对"无所是"的力量来说则相反,其动作绝不可能是某种简单的 transito de potentia ad actum(**力量兴作而为动作的过程**):这就是说,"无所是"的力量乃是以自身为对象的力量,乃是 potentia potentiae(**力量的力量**)。

既是力又是力之未作的力量,才是最高力量。每一种力量虽也都是"是着"的力量并同等地是"不去是"的力量,但毕竟,其兴作的动作过程是以实际拿掉了(或以亚里士多德的说法来讲,"保藏了")它自身的"不去是"的力量为条件而发生的。正是在这个意义上来说,每个钢琴家虽都下辖于演奏的力量和不去演奏的力量,但格伦·古尔德(Glenn Gould)却是唯一一位"能不"**不演奏**的钢琴家,就此而言,他唯将其力量导向他自己的"不发力",才同时也将他的力量导向了动作之兴作本身——这也就是说,他是以他"能不演奏"的力量本身来演奏的。古尔德处理技巧——即否认因而放任不演奏的力量的这样一种技巧——时,其高明之处在于,他在动作中藏起并因而彰显的不是演奏的力量(那样只会给出一种反讽,反倒强调了积极力量相对于动作的优先性了),他藏起并因而彰显的恰恰是不演奏的力量。

亚里士多德在《论灵魂》中以绝对的方式谈论了这个有关形而上学最高主题的理论。倘若思维实际上不过是对这个或那个可理知之物进行思想的力量,那么——他论证说——思维就总是要经过动作且必定是低于思维的对象的。但是,思维,就其实质而言,是纯粹的力量,也即是说,它还同时地是不去思的力量。故此,哲学家将可能的理智和质料的理智,比作一个上面没写任何东西的写字板(拉丁文译者用 tabula rasa 即"白板"来译介这个著名形象,然而,古代评注者曾指出过,最好用 rasum tabulae 来谈论这个形象,rasum tabulae 意思是涂敷在写字板上的、可供硬笔书写的蜡层)。

多亏了这种不去思的力量,思维才得以回到它自身(回到它的纯力量本身)并——究其自身之极地——"去是"思维的思维。就此情况而言,它所思维的不是一个对象,不是一个动作中的"是",而是 rasum tabulae,是那个蜡层,这个蜡层不是别的,就是它的受动性、它的本己力量(不去思的力量)本身:在思维居于其自身的这种力量之中,动作与受动相同一,写字板被它自身书写,或毋宁说,写字板将它的受动性书写出来。

完满的书写动作并非由书写的力量而来,而是由那指向其自身并因而将自身呈露为纯粹动作的"力之不作"而来。(亚里士多德将纯动作称为能受动的理智)。故此,在阿拉伯传统中,能受动的理智有天使的形象,名为 Qalam,拉丁语为 Penna,其义曰"翼"、曰"风"、曰"飞翔",其品阶具不可思议之力。巴托尔比并非简单地拒绝书写的抄录员,他正是这个天使的最极端的喻象,他写出的不是别的,正是他"能不去写"的力量。

十、不可挽回的

Irreparabile

《神学大全》补篇之问题九十一的题目是 De qualitate mundi post iudicium(世界在审判之后的质)。这一部分对万物审判之后自然之条件进行了质询:万物将会有 renovatio(新生)吗? 天体运动将会停止吗? 四要素的亮度会增加吗? 动物和植物又会如何? 这些问题面临的逻辑困境在于:既然感觉世界从来就是给不完满的人安排的,这样的感性世界是人配得的,人是适合居住在这样的感性世界中的,那么,人在到达了他们的超自然终点之时,人还能抓住对那个感性世界的何种感知呢? 自然是怎样幸存于最后原因的实现之中的呢?"在美好可靠的大地上"的瓦尔泽式漫步为这些问题给出了唯一的答案:"令人惊异的原野""满是露水的湿草""涓涓汩汩的流水""饰以兴高采烈的旗子的休闲俱乐部"、女孩们、理发师、维尔克太太的房间——这一切都一仍其是地"是着",不可挽回地一仍其所是地"是着",但这种"是着"的"新异性"本身亦全在于此。这般地"不可挽回",正是瓦尔泽的笔迹所到之处铭写在事物上的画押。"不可挽回"的东西意味着这样的东西,它们一旦被交付,便再没办法对它们如此这般的"是着"加以修补了,也就是说,它们实际地"是着"它们自身且仅是它们的**如此**"是着"的本身(在瓦尔泽看来,最别扭的东西莫过于自命"是"其自身之外之"是"的东西了);"不可挽回"的东西还意味着

38　这样的东西,即,对它们来说,实实在在地没有任何可能的庇护所,它们只得绝对地呈露在——绝对地被抛弃在——它们的如此这般的"是"中。

　　这也从侧面透露出,必然性和偶然性——即便这两种东西交叉地贯穿在西方思想之中——在 post iudicium(审判之后的)世界中是双遭的。这样的世界,从来并永远是必然地偶然的,且从来并永远是偶然地必然的。限定于"**不能不是**"——这是必然性的律令——和"**能不去是**"——这规定着偶然性的东西——之间的这个世界,透露出一种使力量内辖于其自身的偶然性,在这种偶然性之下的力量不会构成任何自由的基础:这种偶然性能容下所有的"不能不是",这种偶然性能容下任何"不可挽回的"东西。

　　故此,"自然若能开口讲话无非哀叹抱怨"的古谚,在这里将会失去其全部有效性。审判之后的世界中的动物、植物、万物、元素和受造物,既已达成了它们在神中的任务,故将各自恣意享受各自那永不可朽的堕落性——或者说,它们将从而各自享受的东西无非就是它们各自头上的那一圈光轮(nimbo)①,虽则这光轮再无神意属焉。正是由于这一原因,荷尔德林(化名斯卡达内利)晚期诗作中之一节再好不过地对这种个别性作出了界说:

---

　　① 光轮(nimbo)是圣徒肖像的必不可少的要素。圣徒在其肖像中头上都有一道光轮。但一旦没有了神的意义,光轮仅仅是光轮。——译注

明日金光下
[大地]复自显
完满,无所嗟怨①

---

① 出自《塔楼之诗》(又称"斯卡达内利诗集")中的《秋(之一)》:
Der Erde Rund mit Felsen ausgezieret(岩石散布的大地)
Ist wie die Wolke nicht, die Abends sich verlieret(不似暮中云飞散)
Es zeiget sich mit einem goldnen Tage(明日金光下,大地复自显)
Und die Vollkommenheit ist ohne Klage(完满,无所嗟怨)
先刚译本译作:"大地浑圆散布碎石/却不像那些迷失在黄昏的云/金色的一天又在眼前/圆满时不再有任何哀怨。见荷尔德林:《塔楼之诗》,上海:同济大学出版社,2004年,第14-15页。——译注

十一、伦理

Etica

没有任何"固应所是"、没有任何历史天命或灵魂的召唤、没有任何生物学宿命是人必定固有或必须去实现的——一切有关伦理的论述都是以这个事实为出发点。无此事实,便不可能有任何能称之为伦理的东西:因为,显而易见,人若固有或必须是某某实质、若固有或必须是某某宿命,人也就不会有任何伦理经验了——他有的无非是只待成的种种任务。

但这又不是说人什么都不是或什么都不应是,不是说人就该委身于"无"进而去做"如此是"或"不如此是"的决断、做选择某某命运的决断(虚无主义和决断论就此形成了一纸的两面)。实际上,人是且必定有其"所是",但这种"所是"不是"本质",也不是某专有物:**人作为可能性或作为力量实存着,这才是人"是着"且必定有的"所是"**。也正是由于这一原因,情况全然复杂化了,故此,伦理才有了其实际意义。

人最本己的"所是"就是他自身的可能性或他的力量本身,既然如此并且唯其如此(换言之,人最本己的"所是"——此即"是于"他的力量之中的"是"——总是某种"有缺"之"是"、总是"或能不是"的"是",就此而言,人总是无基的,人总是尚未居有其基的),人也总是"是于"亏欠之中并且总是感到亏欠的。人——在"是"的力量和"能不是"的力量中"是着"的人——总是在尚未犯任何罪行之前便已先行地有着悔恨感的。

这便是古代神学"原罪"教义的真正内容。但是,道德——与伦理相反——却在解释这一教义的时候,侧重于谈论人本就会犯下的罪行,而此一意义上的这种罪行把人的力量束缚住,扭转向了过去某个时间。然而,人是并必定就是他的可能性或力量,人也总是在某种意义上"是于"他的这种**力量**的"有缺性"之中的,人也必定总是居有这种"有缺性"的,故此,人的实存方式与力量的实际存在样式必定是相同的——正是由于这一原因,对恶的识别才先于任何罪行,并且也比任何罪行都更具本源性。与克雷蒂安·德·特洛亚(Chrétien de Troyes)小说中的珀西瓦尔爵士(Perceval)一样,人之罪在于他总在错失——他罪在"未犯"。

因此,伦理学中没有"悔改"的位置。因此,唯一的伦理经验就是"去是"于那(本己的)力量之中,就是使(本己的)可能性成为实存;也即,在任何一种形式中都绽出那"未形式化的",在任何一个动作中都绽出那"未动作的"。

从另一面来说,选择停留在亏欠之中,选择死握住"不去是"的力量而仅使它成为某个实在物、仅使它成为某种外在于生存本身的奠基的东西——这就是恶;或者说,恶就在于人将自身本己的力量——这力量正是人最本己的"实存"样式——视为一种必加抑制的罪。

十二、《蒂姆牌连裤袜》

Collanti Dim

20 世纪 70 年代早期，人们在巴黎的电影院里可以看到一则推销著名品牌**连裤袜**的**广告片**。画面上一群女孩在一起跳舞。凡是看过广告的人，即便是心不在焉地看过广告的人，都会对这些面带微笑的舞蹈女郎们构成的整体所释放出来的同步性兼不一致性、纷乱兼整一、沟通又疏离的效果产生难忘的特殊印象。先拍摄每一个跳舞女孩，然后在单独一支乐曲的背景音乐中把分别拍摄的这些影片并置起来：这一手法就会让观众产生那种印象。借由这一简便的手法，借由这种被计算好了的运动不对称性——被紧缚在同一款廉价商品中的众多修长大腿的运动不对称性，借由纷繁姿态间的极细微的差异，这则广告片给观众传达出了明白无误地与人的身体相关的幸福承诺。

20 世纪 20 年代资本主义商品化流程刚开始有投资人的形象的时候，观察者们仿佛面对着超出了资本主义生产方式界限的预言书的支离碎片的文本，破谜释读似的看待这种投资现象，即便他们确乎并不看好这种投资现象，但毕竟也不得不承认这现象是有积极方面的。于是就有了克拉考尔对"**女孩们**"的观察和本雅明对光晕消退的观察。

人的身体的商品化虽然使人的身体服从于大众化和交换价值的铁律，但可以说同时也使人的身体从千年以来烙印在它上面的不可言表性的耻辱中解放了出来。在摆脱了生物学宿命和个人传记的双重锁链之后，人的身体也使自身既告别了悲剧身体的发音不明的呐喊，又告别了喜剧身体的默然无语，人的身体第一次显现为可完满交流的、被完全照亮了的身体。19世纪初，石版印刷术和摄影的发明促进了情色影像的廉价扩散：身体，既非是类的，也非是个人的；既非是神性意象的，也非动物形式的身体，随即成为了真正意义上的"**任何一个的**（*qualunque*）"东西——此后，人的形象脱离其神学基础的世俗解放进程，以工业规模得到确立，在"女孩们"的舞蹈中、在广告影像中、在**时装模特**的走秀中达到顶峰。

　　商品性在这里显示出了它同神学二律背反之间的隐秘一致性（马克思就曾指出过这一点）。《旧约·创世纪》所说，人的形象之本是神，人的形象是对神的"映像和肖似"，这样一来，人的形象便同一个不可见者的原型联系在了一起，进而被奠立在绝对无相无形的肖似这一悖论式概念之上。商品化虽使人的身体从神学模型中解放了出来，但却为人的身体保留了"肖似性"："**任何一个**（*qualunque*）"**就是不肖似于任何原型的肖似**，也就是说，是不本于任何"**观念**（*Idea*）"**的肖似**。技术化的身体的完满可互换的美即便与"独一无二的（*unicum*）"美貌之美——当海伦进入元老会议场时，她的这种"独一无二"的美貌之美就让特洛伊元老们纷纷倾倒——没什么关系，两种美之中都有某种唤起肖似感的东西直击观者（"她真像一位不朽的女神啊！"）。人类的躯体不再类似于上帝或动物，而是类似于其他人类的躯体，所以，在我们这个时代里,人的形象已经退出了艺术作品,肖像画也已衰落:肖像画的任务是捕捉"独一无二性",但我们需要的是摄影镜头去捕捉"任何一个性(qualunquità)"。

在某种意义上说,解放过程与艺术的发明一样古老。从一只手第一次勾勒或刻画出一个人的形象的那一刻起,皮格马利翁之梦就已然出现并指导着这只手了:这只手勾勒或刻画的不仅仅是某个被爱者的身体的影像,而且是在影像中的另一个身体——从那一刻起,妨害人去无条件地要求幸福的根本藩篱就被破除了。

今天,在商品形式彻底支配着社会生活的一切方面的今天,我们在影院的幽暗中,从穿着蒂姆牌连裤袜的舞蹈女郎们那里获得的轻声透露的、无意义的幸福承诺能是什么呢?人的身体——首先是女人的身体——从未像今天这样如此大规模地受到操控,这么说吧,从未像今天这样彻彻底底地被广告技术和商品生产操控和想象:跨性别的身体将性差异的不透明性证明为虚假;个别性的"**自然—生成**(*physis*)"的不可言说的异在性,在被媒体化成为景观的同时,也因而被完全勾销;器官身体同商品的无器官身体的杂交,使器官身体的道德陷于惑乱;色情偷走了爱欲生活的亲密性。身体的技术化过程——而非对身体的物质性投资——最终导向的是与身体本身不再有任何真实接触的隔绝领域:被技术化的不是身体,而是身体的影像。广告中流光溢彩的身体已然成了一个假体,而脆弱、卑微的人的身体在这个假体下面继续着它的可疑而不安的实存,"女孩们"那严格如几何学般的华丽阵容下面藏着的是被驱赶着去 Lager ①待死的匿名赤裸身体组成的一排排队伍,或者,是高速路车祸的日常屠戮中丧生者的数以千万计的尸体排成的方阵。

  资本主义意图将人的自然/性质放逐到景观之中,居有这样的对人的自然/性质的历史改造,就意味着使身体的影像和身体彼此相互渗透,就意味着进入一个二者在其中再也不能分离的空间,在这个空间里生成的身体是"任何一个的(qualunque)"身体,它的"**自然—生成之理**(*physis*)"就是"肖似"——好在人行将衰亡的时候一定会知道怎样使自己同种种商品剥离开来。广告和色情,既是人的新身体的无意识的助产妇,也是受雇伴人走向坟墓的哭丧妇。

---

① 德语,意为"营房"。——译注

十三、光晕

Aureole

一则有关弥赛亚王国的说教寓言是广为人知的。布洛赫在其文集《踪迹》(*Spuren*)中记载说,本雅明某天晚上给他讲了这则说教寓言(本雅明是从朔勒姆那里听来的):"一个拉比———一个真正喀巴拉派的拉比———说过:建立和平王国并不必毁灭一切,且不必从一个全新的世界开始;只需要做到把这个杯子、这棵树或那块石头轻轻移动那么一点点,事情就成了。但这种'一点点'是如此难以做到,它的尺度是如此难以把握,以至于人——只要是此现世的人——是没办法做到的,必须有弥赛亚来临。"而本雅明著作里这则说教寓言是这样的:"哈希德派里有一则关于即将来临的世界的故事,它是这样说的:所有事物在那儿存在就像在这里存在一样。我们现在的房子是什么样的,它在那个即将来临的世界里还是什么样子;现在在这儿睡着我们的孩子,在那个即将来临的世界里,那儿也还睡着我们的孩子;我们现在在这个世界里穿着什么衣服,我们在那个即将来临的世界里也穿着什么衣服。一切都很像现在,只有少许不同。"

　　"绝对"与此世是相同的,这并不是一个新说法。印度逻辑学家们有一条格言,以最极端的形式陈述过这一主张:"涅槃与此世之间,并无丝毫不同。"历史给弥赛亚世界带来的细微挪动——这才是新颖的东西。"一切都很像现在,只有少许不同",这句话是难解的。少许的不同当然并非简单地是现实环境的改变,就是说,这句话绝不简单地意味着,蒙福的人鼻子将会变小一点,玻璃杯在桌子上移动了半英寸,或是外面的狗不再吠叫。细微的改动涉及的并不是事物的状态,这种细微的改动牵涉的是每个事物的含义和每个事物的周围。这种细微的改动不是在事物内发生的,而是在事物的轮廓线上发生的,是发生于事物从它自身这里"间"出的"安处(agio)"空间的。如果说完满并不意味着实在性的变化的话,完满也不可能就是事物的永恒状态,更不可能是不可再改变的"就如此罢"。相反,这则说教寓言把可能性引入到这万物完满的地方之内、把一种"否则如何(altrimenti)"引入到这万物终结的地方之内。这一可能性,这一"否则如何"就是这个地方永不可免除的"两难较量(aporia)"。可是,在万物已经确定地完成了的地方,此种"否则如何"怎样才是可思议的呢?

　　托马斯·阿奎那所著有关光晕的短论文就此问题的理解是有指导意义的。他指出,天选之福在其自身之内包含了人的自然/本性的完满工作所必需的所有善好,再无任何本质的东西能加到天选之福里面。但是某种**多出来的**(*superaddi*)东西是能加在天选之福上面的,这种东西是一种"偶性的奖赏,可以被加到本质的东西上面"。对至福来说,这种东西既非必然,也不会实质性地改变至福,而仅仅是使至福更加"**明亮**(*clarior*)"。

　　光晕就是加到完满上面的这种附加——这种附加像是完满之物的某种颤动,只是完满之物周边的晕出的虹光。

　　这位神学家在这里似乎没有意识到他把某种偶性的东西引

入 status perfectionis(完满状态)中是极为独到的做法,其独到性足以解释有关光晕的这种**探究**为什么实际上在早期教父拉丁语文献系统中是无与伦比的。光晕不是某 quid(实物),不是添加到至福中的某种特有的东西或本质:它是一种绝对非实是的增余。也正是由于这一原因,托马斯在这里令人意想不到地预支出了多年后司各脱就个体化难题对他提出辩难时会提出的理论。当被问及蒙福的事物是否能得到比别的事物更亮的光晕的时候,托马斯(反驳了主张完成的东西再也不能涉及增长和减少的学说)回答说,至福不是作为单一态达成完满的,相反,至福是在该类属之中达成完满的,"譬如火,在(物体这个)类属中,是至稀薄的物体;而既然某一团火能比另一团火更稀薄,所以,一光晕比另一光晕更明亮就并不是不可以的"。

这样说来,托马斯与司各脱都同样认为,个体化不意味着一性质当中补入了新本质或此性质的改变,而意味着一性质在个别物中的最后落实;但与司各脱不同的是,托马斯认为,这种个别体现不是此一种"是"的最大限度的决定,而是此一种"是"的边线轮廓的模糊化或无决定化:是此一种"是"的在**无决定性作用下产生的悖论式个体化**。

就此而言,光晕可以被思考为可能性和现实性、力量和动作在那里混然不分的一个区域。已获得了其限极的、已含容了其全部可能性的某一"是",同时也获得了作为奖赏的补足(supplementare)可能性。13世纪哲学家里的这位天才把这种"**相混于动作的力量**(potentia permixta actui)"(也可以说是"**相混于力量的动作**[ac-

tus permixtus potentiae]") 称为 *actus confusionis*, 即"**模糊边界的波动**", 意思是说, 这种动作中不保存任何特殊形式或自然, 而是无间无余地旋生旋散、旋融旋生。有限者的难以察觉的颤动, 使有限者的外轮界线发生非决定化, 遂使它能够散解开来, 进而可能向着任何一种东西生成——这就是作为有限者的每一个事物在弥赛亚世界里必定达成的那种细微改动。有限者所蒙的至福是由此动作而来的那种力量所造就的福, 是一种不驻留在形式中的、围拢着形式与光晕的质料——所造就的福。

十四、假名称

Pseudonimo

悲悼中的悲悼乃是对语言本身的悲悼,正如赞美中的赞美乃是对名称的赞美。这两极限定了语言的范围和效力,限定了它对事物的指涉。自然被意指活动背叛的那一刻,悲悼开始;名称完满地言说事物,语言便至高地成为赞美诗、成为名称的祝圣礼。瓦尔泽的语言似乎对这两极都全然不顾。存在论—神学上的苦痛(这种 pathos,这种苦痛,既有着有所指向的形式,也同等地有着绝对无所指向的形式)直到最终都与他的书写是格格不入的,他的书写总是徘徊于"恰到好处的不准确"和"有板有眼的手法主义"之间。(也是在这里,假托"斯卡达内利"之名的荷尔德林那高度仪式性的语言,提前一百年预示了瓦尔泽在伯尔尼、在瓦尔道精神病院时期的小品文书写。)

如果说,在西方,语言长久以来一直是一架制作上帝之名的机器,并因此而确立了它自身的指涉权力,那么,瓦尔泽的语言就是西方语言神学任务的劫后幸存物。已穷尽了它的受造物的命运的自然,如今与一种语言相照面——所有赋名的主张已都在这种语言里井然有序地配置停当。瓦尔泽小品的在语言学上的对等物,就是假名称或化名。他的小品中的每一个名词似乎都有一个"可这么称的""托名的""冒名的"之类看不见的前缀定语,或者,似乎都可以后跟一句"qui et vocatur...(又称某某)"的补称

（就像在中古晚期拉丁文名称记录法中所示那样——当时三名记录法已慢慢过渡为单名记录法，其标志就是，单名后又跟一别称），看上去就仿佛是每个称呼都在同时反对着它自己的赋名权力似的。瓦尔泽将他的小品比作一个个舞蹈的小人儿，与此相似，他所用的每一个词也同样是"疲倦得要死"、绝不强装严谨的。若要以某种语法形式比拟这种语言的精疲力竭状态，这种语法形式就应该是拉丁语中的动名词，也就是说，是那种已经经历完了它的所有"格"和"态"的变化，已然"躺平"、铺展、不动的名词形态。

小资产阶级那种对语言的犹疑，于是一变而为语言在其所指面前的端庄慎重。这里的所指不再是被意指活动所背叛的自然，也不再是自然在名称之下实现的变容，而是在假名称中——或者说在"间于"名称与别称中的"安处（agio）"空间中——被保持、被无言地呈示的东西。瓦尔泽在给莱希纳的一封信中谈到过"对绝对地言无言的痴迷"。"喻象（figura）"，是保罗在使徒书中用过的一个词，用以表示那"了断（trapassa）"于不死的自然面前的东西，瓦尔泽则用它给诞生于此裂隙中的活生生的东西命名。

十五、无阶级

Senza classi

若再从阶级方面想象人类命运,我们今天可以说,社会阶级已经不复存在了,只存在一种行星式的小资产阶级——所有的旧有阶级都消融在这种小资产阶级之中:这种小资产阶级已经遍布这个世界,它是人从虚无主义中幸存下来的形式。

这恰恰是法西斯主义和纳粹主义曾领会到了的,它们对各个旧有的社会主体不可避免的衰落早已洞若观火,这就是它们无与伦比的现代性洞见(从严格的政治角度来看,法西斯主义和纳粹主义尚未被超越,而我们仍然还生活在它们的迹象之中)。但是,它们自身曾经代表的是一种民族小资产阶级,仍旧坚持的是一种虚假的民族身份,在这种虚假民族身份上鼓动起过那些宏大的资产阶级梦想。而如今正相反,行星式小资产阶级已经使自身摆脱了这些梦想,并采取了无产者的态度,进而谢绝了一切可识别的社会身份。唯其如此,这种小资产阶级也在它所执拗地坚持的姿态之中使自身不复能够被表征为一个阶级:它只知道非本己和非本真,甚而拒绝专称的观念。语言差异、方言差异、生活方式差异、性格差异、习俗差异,以及——最重要的——每个人的生理独特性的差异,所有这些曾使大地上的众民区分出属于他们自己的真和假,曾把大地上的人区分为前后世代的种种差异,如今对这种小资产阶级已经没有了任何意义,也不能在它这里发挥表达和交流的作用。标志着普遍历史的悲喜剧通过这种小资产阶级而被展露了出来,并被集置在某种幻影般的空洞性之中。

个体生存的无意义——从虚无主义根底继承而来的个体生存的无意义性——变得如此没头没脑,以至于丧失了所有的苦痛感,以至于随处坦露、成了日常的展露:最像这种新人类的生存的东西,莫过于产品的全部兜售痕迹都从中被抹去的广告片。这种小资产阶级的矛盾在于,它仍然——毕竟仍然——要通过广告片去渴求那骗他上当的商品,执拗地任由自己追求一种已然——在现实中已然——绝对非其专有的且毫无指代能力的身份。羞耻与傲慢、追随流俗与以边缘自居成了这种小资产阶级感情调性的两极。

它的生存的这种没头没脑的特性,实际上将遭遇最终的愚蠢,从而被彻底粉碎,在那里,所有的广告都将碎裂崩散。这就是死亡。在那儿,这种小资产阶级将遭遇最后的剥夺,遭遇最后的个体挫败:赤裸生命、纯粹的不可相互沟通性将在那里显现——在那里,它的耻辱也终将归于平复。这种小资产阶级将就此借死亡掩盖它内心必定老实承认的秘密:它的赤裸生命就是它自身的无所专有性,就是它的纯然外在性——它在这个世上根本没有藏身之处。

这意味着,这个行星式的小资产阶级或正是人就此直面其毁灭的那种形式。但这同时也意味着,它代表了人的历史上一个史无前例的、值得付出一切代价也绝不容使之稍纵即逝的机会。人们若不再借这种无所专有的、没头没脑的个体性形式继续筑成着他们今天的同一性身份,而是设法成功地做到随时盯住这种如此这般的无所专有性本身、成功地做到把它自身的"是"把握为无同一性的"个别性"本身——而不再把握为可化为个性又可归总为同一的那种身份和特性——,把握为一种共有的、绝对暴露于外的"个别性"本身,就是说,人们若能不再各自特殊地生活却又出落为一种同一性,若能只是如此这般地仅仅各"是"其"是",若能仅"是着"他们各自个别的外显性、仅"是着"他们自己的面孔本身,总之,若能做到以上种种,人将可能首次达成一种无预设的、无主体的共同体,人将可能首次达成一个既不知何为"相互沟通"、亦不知何为"不可相互沟通"的共同体。

借助媒介完成的坏的展现,与直接表达其自身的完满外显,二者之间仅有一层薄膜之隔。在这行星式的新人身上仔细择取那些能使这层薄膜被揭开的特质——这些特质也将是使人幸存下去的东西——,这就是我们这代人的政治任务。

十六、在……之外

Fuori

"任何一个(qualunque)"是纯然个别性的闪现。任何个别性都没有同一性,既非被决定而可构成一概念的,也非直接是无决定的;它仅从它同**观念**的关系来说是被决定的,也就是说,个别性之被决定,就在于它即它的全部可能性。通过这种关系,个别性——如康德所说——界定了所有可能性,因而,**仅仅只有赖于这种"界定"**——而绝非因为个别性是参与到决定的概念或某特定的现前特质(如,是"红色的"、是"意大利人"、是"共产主义者"等现前特质)的东西——,个别性才获得了它的"*omnimoda determinatio*(不是而无不是的决定)"。个别性属于一个整体,但这种"属于"又不可能由任何真实条件来表述:这种"属于",此一"如此这般地是着",在这里,仅仅同虚空的和无决定的整体相关。

用康德的术语来说,这意味着,这里说的"界定"不是"限定(scbranke)",即那种不以"其自身之外"为念的"限定",相反,这里的"界定"是一个"界限(grenze)"。也就是说,是同"它之外的"空间——又必定是个空的空间——发生接触的一个接触点。

"任何一个"仅仅把某种"空洞"、仅把某个"开口"加到个别性上;"任何一个"是"个别性",但又是多出了某个空的空间的个别性;"任何一个"是一种有限的、然而无决定而不可构成任何概念的个别性。这种多出了某个空的空间的个别性,只可能是一种纯粹的外部性（esteriorità）、一种纯粹的"让……展露（esposizione）"。"**任何一个**"，**在这种意义上说，正是让任何一次"在……之外"得以开启的事件**。能在完全超离经验外的这种"任何一个"之给出中被想到的东西，就是那种极难思议的东西：这是对某一纯然的"外面"——绝对"无物"在那"外面"的"外面"——的经验。

"在……之外（fuori）"一词，在许多欧洲语言中都有"在门口外面"的意思（在拉丁语中，fores 有"房门"的意思，而希腊语 thyrathen 字面意思就是"在门口"），"在……之外（fuori）"不是与既有空间毫无关联的另一空间，相反，它是由一词而来的一道裂隙，是既有空间由此而接触到的"外面"：它自己的"面"——它自己的 eidos（相）。

在这个意义上说，"临界（soglia）"不能毫无相干地是另外于"界"的东西。也就是说，"临界"乃是对"界"本身的经验，是对由此而有"**是内**"/"**是外**"之别的经验。这种 ek-stasis（**离一身**），正是个别性从人掬起的虚空双手中收集到的礼物。

十七、可共名却各异其是的东西

Omonimi

1902年6月,一位30岁的英国逻辑学家给哥特洛布·弗雷格写了一封短信,声称在《算术基础》(*Principi dell'aritmetica*)的一个公设中发现了一个背反,这个背反将会把康托尔以集合论给数学所创造的"乐园"基础置于疑难之中。

弗雷格以一贯的敏锐——但未免陷入困扰——立即理解了年轻的罗素这封信中的关键所在;这个关键恰恰就是从概念到它的展开的转向可能性,也就是从"集合"的包含项进行推理的可能性。"当我们说某些的事物全都具有某一特定的特性的时候",罗素后来解释说,"我们是在设定这个特性是一个确定的东西,这个东西本身又是区别于共同地有着它的那些事物的;我们进一步设定,有此特质的那些事物共同构成了一个集合,这个集合在某种程度上说是一个区别于它所包含的所有元素的新的单一实体"。这些默认的和显白的预设显然会因"不是它们自身成员的所有集合的一个集合"①这一悖论而变得问题重重,这个悖论现在已经成

---

① 我们知道,有些集合不是自身的元素,比方说人的集合是人类,而人类不再是人,因而不再是"人的集合"的元素;而有些集合是自身的元素,比方说"集合的集合","集合的集合"仍是一个集合,所以它是自身的成员或元素。用与这里的语境紧密相关的说法来说,"任何一个集合""所有集合""每

了沙龙游戏,但却显然严重得足以长期干扰弗雷格的理智生产,足以让它的发现者不得不经年累月地想出各种办法去控制该悖论的后果。虽有大卫·希尔伯特的不断告诫,逻辑学家们还是被逐出了乐园。

正如弗雷格已经猜到的——也如我们今天逐渐越来越清楚地看到的——那样,在集合理论的悖论的基础之处的,实际上,正是1772年2月21日康德在给马尔库斯·赫尔茨的信中所谈的同一个难题,这个难题被表达为这样一个问题:"我们就事物进行表示是如何可能的(come fanno le nostre rappresentazioni a riferirsi agli oggetti)?"我们说"红色"这个概念指称红色物体意味着什么?每一个概念都决定一个构成各自展开的集合,这是真的吗?谈论某

一个集合"都是可被断言属于它自己成员"之一"的"集合"。现在我们可以使用"概括原则"得到这样一个集合:所有不属于自身的集合的集合,简单地表示就是:用概括原则定义集合P,即P = {x:x 不属于 x}。现在问集合P是否属于P自己?由理性的推理,得出的却是如下悖论:如果P属于P,由于P = {x:不属于 x},那么P不属于P;如果P不属于P,由于P = {x:x 不属于 x},那么P属于P。无论如何,我们总是得到矛盾。这就是罗素悖论。

换言之,有两种集合,第一种集合本身不是它自己的元素(如"人类"这种集合),大多数集合都是这样的;第二种集合是它自己的一个元素,或者说,是它集合中的成员,即 $A \in A$(如一切集合构成的集合)。那么任何一个集合,不是第一种集合就是第二种集合。假设第一种集合的全体构成一个集合P,那么P属于哪种集合呢?如果属于第一种集合,那么P应该是P的一个元素,即$P \in P$,但是满足$P \in P$关系的集合应属于第二种集合,出现矛盾。而如果属于第二种集合,那么P应该是满足$P \in P$的关系,这样P又属于第一种集合,又是矛盾。——译注

种不涉任何展开的概念是否可能呢？既然罗素悖论已经明示出来的东西正是不决定为一"集合"的(也就是说，不可能在不产生自相矛盾的情况下决定为一"集合"的)特性或概念(罗素将它们称为"不述谓的[non predicativi]"特性或概念)的实际存有。罗素把这些特质(以及由这些特质而产生的悖论式集合)识别为这样的特质，即，在它们各自的规定中，"显明变量(variabili apparenti)"皆是由"所有(tutti)""每个(ogni)""任何一个(qualunque)"等指示词构成的。由这些表示法产生的这些"集合"都是"不受合法性约束的总体"，这些总体显得仿佛是它们乃是某个总体的一个部分(它类似于声称乃是自身的展开的一个部分的概念)。逻辑学家们对这些"集合"严防死守(却没承想他们的警觉恰恰精准地把这些变量包含了进来)，想出了越来越多的禁令，打出了越来越多的界桩："凡是包含所有成分以构成一集合的任何东西，自身决不能是全部成分中的一个"；"以任何方式包含全部的所有东西，不得是该集合中的成员"；"只要任何一个表示包含有一显明变量，这种表示必定不能是该变量的任何可能的值中的一个"。

逻辑学家们非常不幸，不述谓的表示法要比人们能想到的多得多。实际上，因为每一个专门名词在规定性上都指称全体和它的展开的任何一个成员，而且也能指称它自身，所以可以说，所有的(或几乎所有的)名词都能使自身现前为那种——就如那则悖论公式所示——属于并同时也不属于其自身成员的"集合"。

在这一背景之下，我们随时随刻都会毫不纠结地将专门名词"鞋"理解为鞋。也正因此，对"自我指涉"的认识不足使我们未能抓住难题的关键;这里应予追问的,不是"鞋"这个词的在其发音方面或文字书写方面的一贯性之中的"是"(即问题不在于中世纪哲学家们所说的"suppostilo materialis[质料性的效果方式]"),而是"鞋"一词在它对鞋的含义指示之中的"是"(或者说,a parte objecti[不在对象一边],关键在于鞋在它被"鞋"一词指称之中的"是")。我们可以完满地区别鞋和"鞋"这个词,但即便如此,把鞋区别于"鞋"在其被"称(为鞋)"之中的"是"、区别于"**鞋**"**在语言之中的**"**是**",却是极其困难的。这也就是说,"鞋"在语言之中的"是"再好不过地是一种"不述谓的"特质,该特质既为一集合中的每个成员所有,而同时,又给该集合的所有成员对它的属于造成"疑难性(aporética)"。这也正是弗雷格明确写下的"'马'概念不是概念",说的就是这个悖论的内容(米尔内在最近的一本书中以如下形式表达了这个悖论的内容:"语言中每个专称词都没有专名"):如果我们紧抓着一个概念本身,它不可避免地会变成一个对象,而我们为此付出的代价就是无法将这个客体同被想见的事物区分开。

意向性仅在变为意象对象的条件下才能被意向,意向性的这个"疑难性"作为"essere cognitivo(认识之本质/所是)"的悖论而被中世纪哲学家所熟知。按照艾克哈特大师的提法来讲:"如果形(*species*)或象(imagem),事物借以被看到和被认识的形(species)或象(imagem)是相对于那物而言的另一物,我们就绝无法借形或象,或者在形或象中认识那物。而若形或象完全与事物无分别,则它也对认识无益⋯⋯而在灵魂中'是着'的形若具有一对象的自然，那么我们就不能通过它去认识它乃是其形式的那事物，因为，形或象本身就是一对象，这将引导我们去认识它自身，从而使我们远离对那事物的认识。"（用与我们在这里相关的措辞来讲，这也就是说，词语，事物由以被表达的词语，如果是相对事物的另一物，或如果是全等于事物自身的东西，那么，词语就不可能表达事物）。

唯一能恰当地将思从语言之"是"的"疑难"中拆解出来（或毋宁说，使这些"疑难"转变成丰饶女神）的，不是某种阶型论（就像罗素曾提出的、极大地刺激了青年维特根斯坦的那种阶型论），而只能是观念理论（理念论）。柏拉图学说中的观念和它所表达的众多现象之间的关系，曾由亚里士多德进行过概括，亚里士多德的概括是无比清晰的，而《形而上学》的现代版本给我们提供的却是被截去了本义的文字。若反观最权威的抄本的这处文字，其义理可作如下解读："共同分有一观念的同类者，从诸观念来看则为可共名而各异其是者"（《形而上学》987b10）①。

---

① 此句吴寿彭先生译作："凡可感觉事物皆从于意式（即理念），亦复系于意式；**许多事物凡同参一意式者，其名亦同**。"参见亚里士多德：《形而上学》，吴寿彭译，北京：商务印书馆，1995年，第16－17页。苗力田先生则译作："他一方面把这些非感性的东西称为理念，另一方面感性的东西全都处于它们之外，并靠它们来说明。**由于分有，众多和理念同名的事物才得以存在**。（分有不过是名称的改变……）"参见亚里士多德：《形而上学》，苗力田译，载苗力田主编，《亚里士多德全集 第七卷》，北京：中国人民大学出版社，1993年，第43－44页。——译注

亚里士多德认为，凡有同一名称的且具有同一个定义的单个实体，即为同类者，这意思是说：可作为一个一贯的类中所有成员的种种现象——故此，也可以说，由分有同一概念而来的种种现象——皆属于一个整集。这些同集现象——它们在它们的相互关系中可称为共类者——若从它们与理念的关系中被考量的话，就成了可共名而各异其是者（根据亚里士多德的说法，可共名却各异其是的东西，指这样一些对象，它们可以在同一名下称呼，但却不具同一个定义）。一匹一匹的马共属马的概念而是同类者，但却是马的理念的共名异是者：同一个东西既属于又不属于某集合，就像罗素悖论所说的情况那样。

但是理念——构成一类并下辖众多同类，一贯地能坚持而为一类的、对其成员进行述谓而使它们属于它自身，而又使它们成为共名而各异其是者，从而把它们在语言中的纯粹居所展示出来的理念——又是什么呢？同类者由其而观则成了共名异是的这种东西，不是一个对象，也不是一个概念，它就是"有名/名之发生（aver-nome）"，就是名的开辟—划拨（appartenenza），或者说，就是它的在语言之中的"是"。反过来说，理念本身不能被命名或被直呈展示，它仅只能借由回指关联而得到领会。遂有这样一个原则——这个原则本身虽少有人论述，但却是十分紧要的——，它就是，观念没有专名，而只能通过它自身的自动回指关联而被表现：任何事物的理念，皆事情**本身**。凡在不可名这一同名下各异其是地是着的，即为理念。

也正是由于这个原则本身，理念也将可共名而各异其是者当作"任何一个"来构成。"**任何一个**"**是个别性,只要它不(仅)持留在它同概念的关系中,而(同时还要)持留在它同理念的关系中**。这种关系不奠立任何新的集合①,它所做到的,就是在每一个集合中,在每个集合里的同类者中让那个个别性显豁出来。不是将它推向该类名的缺席和它对该类的属于关系的消失,而是将它推向"名"**本身**、推向不可名的各异其是者对共名的居有本身。概念不断织成大网,将我们禁锢在同类关系之中,而观念则总是现身打破这些关系的绝对主张,暴露这些关系的不坚实性。所以"任何一个"不仅指(用巴迪乌的话来说)"从语言的本真性中被移出后,没有任何可能的名称的、不可辨别"的"任何一个";而且更为确切地指:既在简单的同类集合中居留,又在纯粹的被称以该类之名的"是"中居留,且——显然并由于这一唯一原因——不能居有此名的东西。它就是不可言表者的在语言之中的"是"。

在这里,不能居有名字的东西是被命名的"是",就是命名本身(即 *nomen innominabile*,非常名之名),它永居语言本真性之外,故此,它是唯一的"是"于语言之中的"是"。按照尚有待审思的柏拉图的一个同义反复表述:事物的观念就是事物自身,**名字,就名字是对事物的命名而言,不是别的,只是由该名字命名了的那事物**。

---

① 阿甘本这里使用的是"questa relazione",单数关系,意指这种关系是前两类关系的关系、两类关系交错出来的关系。——译注

十八、舍金纳

Schechina

1967年11月,居伊·德波发表《景观社会》(*La società dello spettacolo*)。当时,政治和全部社会生活向景观式幻影的转变尚未达到其最高的形象。而时至今日,我们对景观式幻影的最高形象的亲熟已臻完满。德波的诊断的无与伦比的清晰性也更引人注目。

晚近形式的资本主义——德波是这么认为的,这种形式的资本主义使马克思分析过的商品拜物教的性质趋于彻底化,尽管多年来,这一事实被愚蠢地忽视了——表现为图像的巨大堆积,在其中,被人直接亲身经历的所有东西都被放逐到某种代表/表述机制(rappresentazione)之中。但是,景观又不简单地等同于堆积起来的图像构成的领域,或者说,并不简单地等同于我们称之为**媒介**的东西:景观是"经由图像所媒介的人与人之间的社会关系",是对人的社会关系本身的征用和异化。用一个铭文般的公式来说:"景观是积累到这种程度的资本——此时,资本就是图像。"也正是由于这一原因,景观不是别的,而就是纯粹的分离形式:在现实世界已经成为一副图像,而种种图像也成为现实的这个地方,人的实践力量也同人本身相分离,将它自身呈现为自在的一个世界。这个被分离出来的世界是借由**媒介**得到组织的,而国家形式和经济形式通过媒介又相互渗透在一起——也正是在这样一个世界的景象之中，商业经济获得了绝对而对全部社会生活不负任何责任的主权者的地位。它伪造了一整套的生产机制，于是，如今能够对集体感知加以操控，并对记忆和社会交往实施掌控，将它们改造为一个单一的景观商品。在这种景观商品中，你可以怀疑一切，唯独不能质疑景观本身，这个景观本身没有说任何东西，只是在说："展现出来的就是好的，好的就能展现出来。"

既然如此，在景观彻底胜利的时代，思想对德波今日遗产进行收集如何可能呢？毕竟，显而易见的是，景观归根到底即语言，即人的交流性和语言本质。这就是说，完整的马克思主义分析应该考虑到如下事实：资本主义（或只要乐意，我们可以用其他任何名称称呼这种统治今日世界历史的过程）的目标不仅是征用生产活动，而且并且首先是对人类语言本身、对人类语言本性和交流本性、对赫拉克利特在其中认出共性的**逻各斯**的异化。对共性的这种征用，其极端形式便是景观，换言之，就是我们身处其中的这种政治。但这也意味着，我们在景观中所遭遇的乃是被颠倒了的我们的真正的语言本性。出于这一原因（由于被征用的乃是一种公共利益的可能性本身），景观的暴力才如此具有破坏性；但出于同一种原因，景观仍然包含了某种类似积极可能性的东西——对这种反抗自身的可能性加以利用，也就是我们的任务。

与这种境况相似的，莫过于犹太教喀巴拉主义者所说的"舍金纳的孤立"①的那种罪恶了,据他们所言,这种罪恶起于亚赫——他是编入《塔木德》的著名的《哈加达》②所载四位进入果园(Pardes,隐喻至高知识)的拉比之一。故事是这样讲的:"进入天堂的有本·阿祖伊、本·佐玛、亚赫和拉比亚其巴……本·阿祖伊看了一眼死了……本·佐玛看到后疯了……亚赫砍断树枝。拉比亚其巴全身而出。"

舍金纳是神的十次塞菲洛或十个属性的最末一个,它表现了神的自我显现,表现了神在大地上的展现和逗留,展现了神的"言"。亚赫"砍掉树枝"被喀巴拉派等同于亚当之罪,但亚赫没有全部凝视塞菲洛,而是仅着眼于最后一次,并将之与其他的塞菲洛相分离——进而使知识之树从生命之树分离出来。与亚当类似,亚赫将知识变为他自己的命运和他自己特有的权力,因而同样也代表了人类,由此亚赫将知识与世界——此二者无非就是上帝显现(舍金纳)最完整的形式——从神借以显示自身的其他

---

① 舍金纳为希伯来语"שכינה / Shekinah"的音译,其原意为"居留",寓指"神的荣耀存留大地",也指神以具体形象或人格形象的显现。12世纪以后出现的犹太神秘主义喀巴拉派认为,原罪之后,创世的和谐让位于倾轧,世界变为无序,自那以后,舍金纳不再直接向全部宇宙普及其慈善的存在,而是出于流放之中,只能在孤立的个人、共同体或特殊形式中显现,此即"舍金纳的孤立"。——译注

② 《哈加达》是一部内容广泛的古犹太文学集,未收入《圣经》,而被编入《塔木德》。"哈加达"一词在希伯来语中的原意即为"宣讲",《哈加达》所收主要是阐述《旧约》奥义的童话、箴言、传说、故事、神话、寓言等。——译注

塞菲洛那里分离出来。**但这里潜藏的危险是：言——即使某物由隐而显并使之得到揭示——也许将变得与它所揭示之物相分离，并以获得某种自治的连贯性而告终。**被揭示和被呈现的——因而也是共有的和可分享的——东西变得与所揭示之物相分离而居于后者与人类之间。在这种流放的状况下，舍金纳便失去了其积极权力而变得有害(喀巴拉派说,它"吮吸着邪恶的乳汁")。

舍金纳的孤立因而表现了我们的时代境况。在旧制度下,人类的交流本质的远逝证明自身是一个充当共有基础的前提,与此成为对照的是,在景观社会中,这种交流性、这种类的本质(即作为 gattungswesen① 的语言)则正在被孤立于一个自治的领域之中。妨害了交流的正是交流性本身;人类因使他们得到整合的东西而保持分离。记者和媒体权威(以及私人领域的精神分析师)一道构成了人类语言本性的这种异化的新教士团。

在景观社会里,舍金纳的孤立实际上已进入其最后阶段,在这一阶段,语言不仅使自身构成一个自治领域,而且根本不再揭示任何事物——或更准确地说,它只揭示一切事物之无(在语言中:上帝、世界和被显露之物什么都不是)。但是,在这种极端虚无化的去蔽之中,语言(人的语言本性)仍再次保持隐蔽和分离,借此最后一次要求将某个历史时代和某种状态据为己有的那种权力——那种不言而喻的权力。它要据为己有的正是景观时代,或者说,是完全实现了的虚无主义状态。正是由于这个原因,奠

---

① 德语,意为"类本质"。——译注

立在一个假定基础之上的权力现在在这个星球上到处游荡：大地上的各个王国一个接一个地开始接受作为国家形式之实现的景观—民主制度。除经济必然性和技术发展之外，将大地上的诸国推向一个独一命运的，更是语言本性的异化，这种异化将所有民族从他们实际栖居的语言中连根拔起。

然而也恰恰是由于这个原因，我们所处的时代也是这样一个时代，人类对其自身语言本质的体验在这个时代里才第一次成了可能，也就是说，人类在这个时代里首次能做到体验的不是语言内容或某些真命题，而是语言本身和作为事实的言说本身。当代政治学就是这种摧毁式的 experimentum linguae（语言实验），这场实验使这个星球上的一切传统与信仰、意识形态与宗教、身份与共同体全部发生错位并被掏空。

只有能将这场实验进行到底的那些人，只有在景观当中不允许揭示本身再被其揭示出的虚无所遮蔽的那些人，只有将语言本身交还给语言的那些人，才能成为既无预设也无国家的那种共同体中的第一批公民。在这个共同体中，使共有之物化为零、支配共有之物的那种力将得到平复，而舍金纳也将不再吮吸因它自身的孤立而生成的邪恶乳汁。

就像《塔木德》中《哈加达》所载的那位拉比亚其巴那样，这个共同体的居民们将进入语言的天国，并能够全身而出。

不可挽回

L'irreparabile

说明：

　　这些断章可以当作《存在与时间》第九节和维特根斯坦《逻辑哲学论》命题 6.44 的评注来读。这两个文本所追求的，乃是对形而上学古老难题———"是"和"有"的关系、*quid est* 和 *quod est* 的关系难题———的界说尝试。我们时代对本体论(第一哲学)缺乏需要的趋势草率地将这个关系搁置一旁，而这里的这些断章虽显然尚不深入，但毕竟努力设法对它作出了更进一步的思考。只有能在如今的背景里给这些断章找出定位的思想，才会清楚它们是否做到了，以及在何种程度上做到了那更进一步的思考。

I

不可挽回的东西是如其所是、如其这样或那样地是着的东西,它们是这样的东西:一旦被交付,便再没办法对它们的"是着"的方式加以修补了。事态(stati)是不可挽回的,无论它们可能是什么:悲伤或轻松、残酷或幸福。你现在这样是着,世界同样现在这样是着——这是不可挽回的。

启示不意味着对世界中神性的揭示,而是意味着对世界的不可挽回地蒙垢性质的揭示。(名称从来并只是对事情的命名。)启示把世界交予玷污和事物性——这难道不是发生了的事情吗?正是在这一点上,救赎——它是对世界蒙垢性的救赎、对它的"如此这般地是着"的救赎——的可能性开始了。

(所以,试图把世界和生存再度圣化的那些人,与绝望于世界和生存的蒙垢的那些人同样地丧失了信仰。因此之故,清教神学——将蒙垢世界同神的世界截然分开的清教神学——既是错的也是对的:说它是对的,因为世界已经无可补救地被启示[被语言]交予了这个蒙垢的世间;说它是错的,因为唯有这个世间是蒙垢的,才会得到救赎。)

74　　　世界——绝对地、不可挽回地蒙玷的这个世界——就是神。

　　按照斯宾诺莎的说法，不可挽回的东西的两种形式——即"确信"和"绝望"（《伦理学》第三部分所附"诸感情的定义"①之定义十四和定义十五）——从这个角度来看是同一的。两种形式有着唯一的"本质"，即能造成怀疑的所有原因都已被消除这一"本质"，所有事情都确定地、明确地如此这般了，已然如此，无论从这情况中得到的是快乐还是悲伤，都不能改变这个"已然如此"本身。就它们是事态而言，乐园和地狱完满地对等，即便这是一种对反的对等。（如果说我们能在绝望中感到安定，或者在安定中感到绝望，这恰恰是因为，我们在事物的现状中，能察觉到不可能包含在事物现状之内的某个"外边""边缘"。）

　　所有的快乐和所有的悲伤，它们的根底皆在如此这般地"是着"的世界本身。凡因世界看上去"不是"它该是的样子或世界

---

① 见"诸感情的定义（Affectuum Definitiones）"。在斯宾诺莎的形而上学—伦理学体系中，复数"感情（affectuum）"和单数"感情（affectus）"，并非仅是人的心灵状态，而是一切东西的"受感致动的情状"或在作用力关系中的决定的动作效果，只不过在人的心灵这种特殊的"顺序"中表现为有相应观念伴随的"感情"。所以，在斯宾诺莎的形而上学—伦理学系统文本中，凡是出现"感情（affectus/affectuum）"的地方，都可以理解为"受感致动的情状"。——译注

"不是"我们想让它"是"的样子而起的悲伤和快乐,都是不纯粹的和临时的悲伤和快乐。最纯粹形态的悲伤和快乐——可以说,由它的疑虑和希望的所有合法原因都被取消后的世界、由"**它就如此**"的世界而来的悲伤和快乐——不牵涉任何消极或积极的质,而就是"**如此是的**"、无任何属性的悲伤和快乐。

神不显示是"在"世界"**里面**"这一命题还可以通过如下陈述来表达:世界不揭示神,这个事实就是神本身(因而这个命题并非是《逻辑哲学论》中"最严酷的"命题)。

幸福的世界和不幸的世界、好的世界和糟糕的世界,包含相同的事物状貌,它们——它们如此这般地是着——完全是相同的。正义并不在另外的世界里存在。得救和被弃的都同是那些人和物。荣耀的躯体只能是有死者的躯体。不是人和物发生了改变,改变的是它们的轮廓线。某种类似于光晕的东西如今悬在人和物的顶上,这就是荣耀。

不可挽回的,既不是任何本质/所是,也不是任何存有/实存,既不是实体,也不是质,既不是可能也不是必然。不可挽回的,应该不是"是"的任何样式性,而毋宁说就是通过种种"样式性"使自身不断给予出来的"是着"本身,它就**是**它的种种样式性本身。不可挽回的,不是"**如此**",而是"**它的如此**"。

II

77   如此（così）。小小的这个词，其含义极难把握。"事情即如此。"但我们能说动物眼中的世界是这般或那般的吗？就算我们能确切地描述动物眼中的世界，真的将这一世界如动物所见那样（就像于克斯屈尔[Uexküll]图绘了蜜蜂、寄生蟹和苍蝇的世界一书的图例中那样）表示出来——就算如此，这一世界也确乎不可能包含"如此"，这一世界确乎不会是对动物而言"如此"：这一世界不会是不可挽回的。

"如此"不是一个实体，它不表示实体的任何决定或可质化的任何东西。"是着"不是一种前提，"是着"不是先于它的各种质也不是后于它的各种质的那种前提。"是着"，**如此"是着"**，不可挽回地如此"是着"——它就是它自身之"是"的样式本身。（"如此是着"并非是决定某一存有的"本质/所是"，但它却在它自身的"如此"中、在它之"是"它自己的决定中找到它自己的"本质/所是"。）

"如此"的意思是指：没有另外。（这片叶子是绿的，它是这样的，而不是红的或黄的。）但是，设想把全部可能性都否定掉的、把每一个谓词都否定掉的"如是"是否是可能的呢？也就是说，设想唯一的"如此"（soltanto il così）——"如此"本身、没有另外在其外的"如此"——是否是可能的呢？这将是理解否定神学的唯一正确的方式：它的谓词，既不是"这的"或"那的"，也不是"如此的"或"如彼的"，相反，"任何如是""如如是"才是它的全部谓词（它的全部谓词不是谓词）。**没有另外**（non altrimenti），否定了谓词（在本质的水平上）是一种属性，而把它们当作非—属性（improprietà）（在存在的水平上）。

（这样一种"是"将是一种纯粹的、个别的"是者有"，然而也完满地是任何一个"有"。）

"如此"一词作为"回指（anafora）"，因而指向前面的一个词，唯有通过前面的那个词项，该词（该词本身是没有任何含义的）据有了它自身的所指。

但是，我们在这里，在"如此"这个词上，反而必须要思考的是这样一种回指，它不再指涉任何含义，并不指涉任何所指，它是"如此"的一种绝对，不再以任何事物为前提，是完全使自身呈露出来。

语法学家们用 deissi 和 anafora——"**直呈展示**"和"**回指关联**"——两个词来规定代名词的含义，现在必须对这两个词从头加以再思。对两个词的理解方式从一开始就决定了"是"的理论，也就是说，决定了第一哲学。

纯粹的"是"，也就是说 la substantia sine qualitate（无质的实体）之"是"往往是根据预设图式而被理解的——故此，总是与代名词联系起来，被理解为"这是"。在直呈展示中，不可言说的东西的直接之"有"——借由语言的实际言语示例的指涉能力——被当作了预设，而这里的这个东西，是语言所不能言说的，只能由语言指示出来的（故此，指示给出的是"有"和外延的模型，是亚里士多德所说的"tode ti [这一种'是']"）。在回指关联中，这个预设——借由言谈中对前已提及的指示项的指涉——便作为**主词/基干**(hypokeimenon)被置于同语言的关系之中，这个主词/基干将牵带出随后被言说的全部东西（所以，回指提供了"所是/本质"和"内含/含义"的模型，也即亚里士多德所说的"ti hen einai [**其所是**]"）。代名词，通过"deissi（直呈展示）"预设了不可说的"是"，又通过"回指关联"使之成为言谈的"主词/基干"。所以，回指关联的前提是直呈展示，而直呈展示又有赖于回指关联（就直呈展示者设定了表达中的言谈的诉求而言）：直呈展示与回指关联相互意蕴（希腊语 ousia 兼有"本质"和"所是"双重含义的根源所在，该词一方面直接呈示不可言说的个别个体事物，另一方面代表支撑起种种谓词的实体）。

因此，"是"在"所是"之中和在"有"之中的原初断裂，通过代名词的双重指涉表现了出来，含义和外延再也未能使它们之间的关系彰显出来。在这里必须思考的恰恰正是这一关系，必须思考的既不是外延,也不是含义,既不是直呈展示,也不是回指关联,而是它们之间的互相意蕴。必须要在这里思考的不是纯然直呈展示所指的不可言表、不可道说的客体,也不是它在语言之中的、由句子被言说为"如此""如彼"之中的"是",而是**不可言表者在语言之中的"是"**（*l'essere-nel-linguaggio-del-non-linguistico*）,是这个事情本身。也就是说,不是对这"是"的前提化设定,而是对它的开显。

"有"和"是"、外延和含义之间的开显关系,不是同一性关系（*idem* 关系、**等同关系**）,而是反身自居的关系（*ipsum* 关系、事情居有它自身的关系）。哲学中的许多混淆,皆源自对这两种关系的混同。思之为事情,不是某个恒定的事,思就是事情本身。它不是这事或那事——事情本身总是超过这事或那事——中的一个,甚至也不是保持同一的事。这里,是事情本身的思总是向自身在超越着、向着它自身的"这般如斯之是"在超越着。

"如此这般（tale quale）",这里的"这般"这一回指不指向居前的参照项（不指向语义居前的实体）,"如此"也并非旨在识别一个为其赋予含义的所指。"如此"之外别无所"有","这般"之"**这**"正是此"有"的所是/本质。"如此这般",它们相互契合,相互呈示,在这一"是"中有着的东西,是一种绝对的质,不指向任何预设。*Arche anypothetos*（无前设的本原）。（在这里,回指关系是在被命名的事物和它的被命名的"所是"之间、在名字和名字对事物的指涉之间展开的：在"玫瑰"之名［就它意味玫瑰而言］和玫瑰［就它被"玫瑰"之名所指称而言］——之间展开。回指空间就包含在这种"两间"的世界之中。）

我呈现我的"如此这般"，呈现我的"这般"的样式，而非对某某定质、某某特质的呈示，也非对善或恶、贵或贱的呈示。我的质、我的是"这般"，不是这些质后面的、乃是我将来会"所是"的某实体（某主体）的质化表现。我从来不是"**此**"或"**彼**"，我只是"**如此这般**"。*Eccum sic*（**如——如此**）：绝对地。不固其有，只掬舀其有；无前设，只展示。

展示，就是说"如此这般"之是，非任何实在述谓（比如是红色、是热的、是小的、是平滑的，即为实在述谓），但也非这类实在述谓（否则，"如此这般"就成了完全不同的另一东西而必须平添这另一东西的概念，这势必又将成为一种实在述谓）之外的他物。我这里展示的，非我的任何一个质，也非非我的任何一个质（实际上，我们可以说，我们的展示，不离我们的那些质）。实在述谓在语言中对关系进行表现，但展示即是与语言本身的纯粹关系、与发生——就位（aver-luogo）的纯关系。这就是发生在"任何一个"身上的情况（确切地说，"任何一个"就是这样发生的），因为它居于同语言的关系中、居于它之被言说之中。一物（被称）为"红"，而且——就它有此名、称**此名**并**如此**称名（而非仅"是"红之"是"）而言——此物也被如此展示。作为展示的实有，此即"这般"的任一物的"**这般**"之"**是**"。(在这一意义上说,"**这般性**[*tatità*]"是根本性的范畴,它在每一种质之中,却又保持自身为那不可思议的东西)。

有着,这是指:去体现实际的质化过程,听任"**如此这般**"(*inqualieren*)的纠缠。因此之故,每个事物的"如此""如彼"之"如是",就是其各自的扰动、各自其源有自的涌动——就是各自掬舀的所有。你如此是,你是你的面孔,它正是你的扰动,你的其源有自的涌动:是你的如此这般之"是"。而每一事物是且必须是它存在的模式、它来源的样式:如其所是地是**这样**(*essere tale qual è*)。

"**这般**"不以任何"**如**"为前提:"**这般**"使"**如**"绽露出来。"**这般**"是"如此"或"如彼"的发生—就位。(只有在这意义上,我们才能说,实有"有"——"*liegt*[**寓有**]"——本质/所是。)"**如**"并不以"**这般**"为念:"如此"或"如彼"乃是"这般"的外显,是它在纯然外显性中的"是"。(只有在这个意义上,我们才能说,本质/所是带出——*involvit*[牵带出]——实有。)

语言将此事或彼事言说为"此事"或"彼事":将树言说为"树",将房子言说为"房子"。在这么做的时候,思计较前一个东西("有",有某物),也计较后一个东西("是",某物何所是),或者,计较两个东西的同一和差异。然而,真正应该被思考的东西,即"言说为""把……言说得像……一样"中的这个"为"("像……

一样")这个词,这种展示关系,却未被思考。这一本源性的"为""作为""像……一样"才是哲学的主题,才是思的事情。

海德格尔对标志着命题展示性判断①的 als(in quanto,之为,作为、像……一样)一词的结构进行了思考。这个"als(in quanto,之为,作为像……一样)"乃是一种理解的循环结构,它给命题展示性的判断奠立了基础。理解力所理解并揭示的某物已经是从某物开始的并且是"作为某物"而开始的某物,故此可以说,理解力是在不断地撤回到它自身已置身其中的东西当中的。在判断中,"作为某物的某物"的这种结构以主谓关系形式为我们所熟知。"石膏是白的"这个判断,是在说"石膏作为白的",但是,这个命题同时也以这种方式,把"某物作为某物"之中的、使某物得到理解的那被先行领会的东西遮蔽掉了。

然而,即便如此,als——"作为""之为""像……一样"——的结构和含义也还尚未澄清。在说某物作为"某物"时,被遮蔽掉的不仅是某物中的被先行理解的东西(第一物),首先被遮蔽掉的反倒是这个"als"本身。试图将"是"**作为**"是"来把握的思,不断退

---

① giudizio apofantico,句法上的判断,也可译解为"疏离化的展示判断"。apofantico 在德语中作"apophantische",apophantische 词源于希腊语,词根为 apo,意为"离开""拉开距离""疏远",phantic 意为"观看"。apophantische,意为"拉开一段距离、从远处看到的"。海德格尔在《存在与时间》第 33 节"命题——解释的衍生样式"中,专门论述过"apophantische 'als'",即"展示性(疏离化的)'作为'"的判断结构。——译注

向实体,而不会给这个实体加入进一步的决定,甚至不能通过直呈展示将此一实体作为述谓中不可言表的主词/基干来予以设定:在这个实体的"如是"之"是"中、在它的"**作为**"的中介中领会这个实体的过程中,思看到了它的纯粹的非潜藏性、它的纯粹的外显性。思不再说**某物**作为"**某物**"("某物"之为某物),而是把"als(作为、为、像……一样)"一词**本身**带到它自己跟前。

含义和外延并不能穷尽语言的意指性。必须引入一个第三项:事情本身、"这般"之"是"——既非含指项,亦非含义的"这般""是着"的事情本身(这就是柏拉图理念论的意义所在)。

"这般""是着"的事情本身,并非绝对不可被置出的和不在关系之中(athesis)的"是",也非是被置出了的、被关系化了的事实,而是一种永恒绽露和永恒事实性:是 aeisthesis(非感之感),即含义的永恒生成。

它是永不是它本身的"是",它只能是"有"。它永不是"在",只可能是"去有",完整地、无可补救地"去有"。它不奠立、不范导亦不消灭实有;它只是它自身之被绽露,它只是它自身的光轮(nimbo),它只是它自己的轮廓线。存有不再回溯地指向本质/所是;"有"是于"是"的中间,"是"被完全抛入"有"中。无可补救,更遑论救赎——救赎就其自身而言是不可挽回的。

"是"——在"有着"之中"是"的"是"——唯因一风险而获其

安全,此风险即:要么作为事情存有,要么"是"于空无之中。"有",被抛入"是"的中途的"有",完满地被呈露出来。

阿提库斯将理念(观念)界定为"paraitia tou einai toiauta ecasth'oiaper esti(**现在现前如是而是的任一物皆听顺于它**)"的东西。对一切东西来说,理念不是它们的原因,而是它们的 *paracausa*——权可解作"**配位因**"——,并且,它还不简单地是本质/所是的"配位因",而是种种"如此这般"之"是"的"配位因"。

所有事物的"这般"之"是"是理念(观念)。理念就好像是形(forma),是可认识性,所有的单个实体的特征都由它而来的,但理念又并非因而是远离单个实体的不再相干的另一物,而是一直是所有单个实体的 *intentio*(意向),一直是它们的守护天使(angelo)、它们的图景(immagine)。这种**意向**的存在样式并非那种简单的"去存有"或简单的超越:它是一种"居旁之有(paraesistenza)",是一种"去实就虚的超越(paratrascendenza)",它避开事物之实有而居其虚处(这是"para-"这个前缀的全部意涵),它是如此切近地居有于每个事物的近旁,既**几乎**混掺入每个事物,又充当着每个事物的光轮(nimbarla)。它非事物的同一性,亦非非事物的同一性(它不是别的,就是任何一个事物的同一性的非—非非"间"之"是")。理念(观念)的存有,这就是说,乃是存有(esistenza paradigmatica):它在每个事物实有之旁使自身现身(para-deigma)。这种"于旁现身"是乃是一种"轮廓线的勾勒",是对轮迹的创造,是万物边线的无决定:它是光晕。

（对柏拉图观念论/理念学说的诺斯替式的解读。这种解读之下的"理念/观念"说的就是阿维森纳和诸爱情诗人那里的天使—智慧，同样，说的也正是俄利根所言的"eidos［相］"和《珍珠之歌》中发光的外袍。得救正于此不可挽回的图景中生焉。）

一种永恒的质：这就是理念/观念。

III

85　　救赎不是蒙玷的变成神圣的、失落的复又被找到的事件。相反，得救是那失落的不可挽回的永失，是蒙玷的最后蒙玷性。但也正是由于这一原因，它们一触到底———道界限出现了。

　　我们只能在无可补救的事物中生希望心。事物有各式各样——它们仍是世界中的事物。但是，不可挽回的事物、无法挽救地**如此**的事物——这才是世界的唯一出口。（得救具有最内在隐秘的特征：唯当我们不再"是"的时候，我们才可能得救。所以，在那里一刻，会有拯救，但那并非是为了我们的拯救。）

　　这般地去"是"；去以自身的方式"是"：我们不能将这当作一件事物来把握。相反，它是对事物之全部"事物性（cosalità）"的排空。（正是由于这一原因，印度的逻辑学家们说万物之"集谛 [sicceità]"不是别的，正是它们的自性——它们自己的"空"——的被夺，还说，在世界和涅槃之间并无丝毫不同。）

人是这样一种存在者,他遭遇事物,唯有在此遭遇中,才使他自身不断"非—事物(non-cosale)"。反过来说,人是这样一种存在者,他不断"非—事物",也唯有因此,人不可挽回地被交付给事物。

非—事物性(灵性)意味着:任自身堕于事物中,持续地堕于其中,直至不复能设想任何物外之物。唯当如此,唯在对世界的无望体验中,才能遭遇界线、触动界线。(暴露:此即世界的含义。)

万物发生,在世界中,不居不恃(L'aver-luogo delle cose non ha luogo nel mondo)。

万物无位,故各有其位(L'utopia è la stessa topicità delle cose)。

"如此这般"。在所有事物中,去确证"**如此**(così)",且"**如如此**(sic)",无善亦无恶。但**这**并非简单地说:以"如此"或"如彼"的方式、以某些确定的特征去"是"。"如此这般"意味着:任"此"如"此"(così sia)。"如此这般"只意味着**是**(sì)。

(这就是尼采那里的"是"的含义:被说出的"是",指向的不仅是事物的状态,还是事物"**如其自身之是**"。正是由于这一原因,事物才能永恒轮回。"**如此**"是永恒的。)

"如此"之"是",在这个意义上来说,是不坏亦不朽的。(俄利金的"复活的并非物性实体,而是eidos[相]"的学说正是此义。)

但丁根据人说"是(si)"的方式——将"是"或称为"oc",或称为"oil",或称为"si"的三种方式——区分了人的语言。① **"是"**
(*si*)——**"如此"**之**"是"**(sì)——是语言之名,它表达着语言的含义,语言的含义即非语言的东西在语言之中的"是"(essere-nel-linguaggio-del-non-linguistico)。既然世界就被悬搁在语言的空无中,对世界说出的**"是"**,也就是语言的**"存有"**。

在理由律("Ratio est cur aliquid existit potius quam nihil"②)

---

① 但丁在其《论俗语》中提出了拉丁语系中的方言划分。他根据说"是"的方式,区分出了三种严格属于欧洲的语系:北方的日耳曼语,南方的拉丁语,以及欧洲部分地区及其毗邻的亚洲部分的希腊语。但丁把当时的拉丁语地区分成三种明显有别的地方言,都是从语法学家所记载下来的拉丁语演化而来的,从它们具有相当数量彼此共有的而又都能追溯到同一拉丁语的词,就可以看出共同起源。根据表示肯定的记号的表达法,可以看到三种欧洲语系的区别:法国南部用"oc(来自拉丁语中的 hoc)",法国北部用"oil(源自拉丁语的 hoc ille)",意大利语用"si(源自拉丁语的 sic)"。正是根据这一划分,产生了法国主要地区的名称:南部的普罗旺斯语(Langue d'oc)和北部的奥依语(Langue d'oil)。但丁的这一详尽的分类,是在巴别塔传说所描述的世界语言分化的观念中提出来的,其前提预设是希伯来语乃是建塔之前大地上的第一种语言,也是亚当所使用的神给予的语言。——译注

② 这个"理由律"是巴门尼德学说的核心之问。海德格尔对此一问题给予了充分的重视,并由此对形而上学重新进行了理论配置。海德格尔将这句话表述为"Warum ist überhaupt Seiendes und nicht vielmehr Nichts?(为什么存在者存在而无反倒不存在?)"有关海德格尔关于巴门尼德的理由律的重启性反思,主要可参看其著《形而上学导论》"第一节 形而上学的基本问题"。这里的拉丁文可译为"有一理存焉,以此理故,事物非无存有"。——译注

中,紧要的东西不是"**有物存有**"(存在者),也非"**无物存有**"(无)。这句话不能理解为"有/无"两项的对照,这里还包含着一个第三项,即源于"potis(能够、可能)"的"potius(关乎去就的选择愿望)",故此句应解作:"'是'总能无无而为有、非非而之是(poter non non-essere)。"

(令人惊异的不是存在之已在,而是它可能的非在。)

理由律也可作如是解:"语言(ragione,理性/理由)"。语言打开了"非(即'不是')"的可能性,这也是一种更强的可能性:去存有,去"是"任何之"是"。故此,这一理由律所说的东西或许是,"存有"并非是一种非主动的给定的情状,相反,"存有"乃是"去存有",其中固有一种"*potius*(关乎去就的选择愿望)",固有一种力量。但这种力量并非是同"非"的力量相对反的"是"的力量(在"非"与"是"、"无"与"有"之间做抉择的又是谁呢)——它是一种"无无为有、非非之是的力量(un poter non non-essere)"。偶然并不是"非必然"。("如此"之"是"不是偶然:它是必然的偶然。"如此"之"是"甚至也不是必然:它是偶然的必然。)

"我们想象为自由的东西的对象给我们造成的受感致动的情状,大于我们想象为必然的东西的对象给我们造成的受感致动的情状,因而更大于我们想象为可能的或偶然的东西的对象给我们造成的受感致动的情状。但是,想象一物为自由的,不意味着别的,恰恰意味着纯然想象它本身,而不计使它受决定而动作的那些原因。因此,我们纯然想象的东西的对象给我们造成的受感致动的情状——若别的条件相等——大于我们想象为必然的、可能的或偶然的对象给我们造成的受感致动的情状,而且——在结果上来说——是最大的"(斯宾诺莎《伦理学》第五部分命题五证明)①。

对"如此"—"是着"的事物纯然地"观如此":它不可挽回但又并非必然如此;如此而已却又并非如此偶然——这就是爱。

---

① "Affectus erga rem, quam liberam esse imaginamur, major est, quam erga necessariamet consequenter adhuc major, quam erga illam, quam ut possibilem vel contingentem imaginamur. At rem aliquam ut liberam imaginari nihil aliud esse potest, quam quod rem simpliciter imaginamur dum causas, à quibus ipsa ad agendum determinata fuit, ignoramus. Ergo affectus erga rem, quam simpliciter imaginamur, caeteris paribus major est, quam erga necessariam, possibilem velcontingentem, et consequenter maximus." 见 *The Vatican Manuscript of Spinoza's Ethica*, ed. Leen Spruit and Pina Totaro, Leiden·Boston: Brill, p. 29. 贺麟先生译本作:"对于我们想象为自由的东西的情感,较大于对一个我们想象为必然的东西的情感,因此必定更大于对一个我们想象为可能的或偶然的东西的情感。但所谓想象一个东西为自由的,不外是单纯地想象着这对象,而我们对于决定它动作的原因又毫无所知。所以对于我们单纯想象着的一个东西的情感,如别的条件相等,必较大于对一个我们想象为必然的、可能的或偶然的东西的情感。因此,这个情感必定大于一切。"见斯宾诺莎:《伦理学》,贺麟译,北京:商务印书馆,1958 年,第 242 - 243 页。——译注

你一旦看到了世界的不可挽回性,世界的超越性亦即刻到临。

世界即作为(Als/Come)——它即临于世界的外面。

2001 年 解注

Postilla 2001

夜幕下的复原①

如果说明智的——或如人们所说"起解放作用的"——绪言序章必须只作泛泛空言,或至多克制地进行某种欲扬先抑的起题,那么,好的解注或附言就必须是这样一种文字,它只须表明作者再无丝毫东西是可以添加到他的著作里面的。

就此而言,解注乃是**终末时间**的范式,有智识的人能想到的一切事情在那终末时间里都是已被做成了的。然而,这种无所言地说和无所做地动的技艺——或者只要你愿意,也可以说,"总扼"一切、开释一切、贮存一切的技艺——却是至难的事情。

本解注的作者,与以意大利语写作第一哲学或政治学的作家们一样,充分地意识到了自己作为幸存者的存在。实际上,正是这一意识使他同今日声称就这些话题写作的那些人区别了开来。

---

① 原文标题"Tiqqun de la noche"为西班牙文。其中"tiqqun"也作"tikkun",来自希伯来语"תיקון",原意为"修复,矫正,改进,复原",在犹太教的语境中有通过社会行为(集体的和个体的社会行为)使世界复归完满的宗教意涵。——译注

他知道,"人民生存的历史性动荡的可能性"消失为时已久,不唯如此,召唤的观念本身、人民或历史指派的任务——klesis 或"阶级"——的观念本身,也应该彻底地被重新思考。这一幸存者的境况——没有受众的作者或没有人民的诗人的境况——并不能使他变为犬儒或陷入绝望。相反,现在现前的时间,作为于终末日之后到来的时间,作为因 novissimo(最后)仍在继续故而不再有事发生的时间,在他看来,是最成熟的时间,是种种时间中那最**丰饶者**(pleroma)。这般的时间——我们的时间——是这样的时间,在其中某一特定的时刻,**所有**人,大地上的**所有**民族和人们,将发现自己处在**其余**民族和人们的位置之上。若更切近地审察,这就意味着,弥赛亚状况已史无前例地遍布开来,在这里,那原初就并非假说的东西——工作已歇、任何一个个别性、bloom(**欣欣向荣**)——已然成为现实。这位作者所面向的是这种非—主体,他所面向的是这种"无形式生命"和人的这种**安息日**(shabbath)。也就是说,他所面向的是根据定义而言不可能收到他的这本书的公众,正是由于这一原因,毋宁说本书未尝错失其目标,以是故,它的非实际性(inattualità)亦未曾少失。

礼拜六,我们知道,我们必须歇了一切的 melakhà,就是说,必须歇了一切的生产性的工。这种无所事事,这种居于中心的不工作,对人来说,是灵魂的一种补足(supplementare),或者说,只要你愿意的话,还可以称之为人的真正的灵魂。纯然拆毁的活动——这种活动方式过去虽有着完满的破坏性的或解—造物的(decreativo)特征——如今则可以等同于 menuchà、等同于一种安息日式的无所事事,因此之故,可以不加禁止。在这意义上说,来临中的(这种"**来临中的**"不意味着**未来或将来**)政治的范式并非工程式的劳作,而恰恰意味着不工作性(inoperosità)和解—造物(decreazione)。

得救、tiqqun(复原)正是本书探问的东西,但本书又不是一项工作,它毋宁说类似于某种特殊安息日的节日。让得救成为可能的,反倒是那不可拯救的东西;让救赎来临的,反倒是那不可挽回的东西。正是由于这一原因,在这本书中,关键的问题不是"做什么",而是"如何去做",在重要性上,**存在**倒是排在**这个**关键问题的后面的。不工作性不意味着"惰性",而是指 katargesis,即"部分功能的失效"——就是说,不工作是这样一种工作,整体由以被另一整体所取代,在那另一整体中,无形式的生命和无生命的形式是合同为一种生命形式的。对这种无所事事的展露就是本书的工作。它与这里的解注完满地吻合一致。

吉·阿

附 录

世界的"少许不同":
吉奥乔·阿甘本《来临中的共同体》导读[①]

玛利亚·德·罗萨里奥·阿科斯塔·洛佩兹

在面对像阿甘本那样的作者的时候,最明显的挑战之一,是他的思想与其所属传统之间的密切纠缠。在面对阿甘本对政治主权的历史和资本主义景观社会的最终结果的批判的时候,我们忍不住会想,来自非欧洲、非西方传统的读者,能否在他的思想中认出那个世界的共享经验的特征。阿甘本能对他自己的欧洲的、

[①] 本文原发表在哲学期刊《时代》(*Epoché*)由亚力山卓·瓦勒加(Alejandro Vallega)编辑的吉奥乔·阿甘本作品专号上。参见 Acosta, "A tiny displacement of the world: On Giorgio Agamben's Coming Community", *Epoché*: *A Journal for the History of Philosophy*, 16:1 Fall 2011: pp. 93 –112. 作者玛利亚·德·罗萨里奥·阿科斯塔·洛佩兹(María del Rosario Acosta López),加州大学河滨分校西班牙研究系全职教授,写作本文时任芝加哥德保罗大学哲学副教授,研究方向为浪漫主义和德国唯心论、美学和艺术哲学、当代欧洲政治哲学等。洛佩兹教授以此论文为基础,特为《来临中的共同体》中译本改写成这篇导读,感谢她对中译本的支持。

西方的传统之外的世界说话吗？或者说他能否谈论这样的世界？这是一个每一次我们都必须重新回答，都必须从不同的地理和文化经验的独特性来回答的问题。就此而言，《来临中的共同体》看起来是一个很好的起点，因为，在阿甘本的文集中，这是他最广为人知的作品之一。与延续他切入形而上学史的批判进路——阿甘本把这个历史和（西方的，且大多是欧洲的）政治制度史密切地关联在一起——相反，《来临中的共同体》是一次反思我们共享的当代境况的尝试。如此，与推进他在他的一些主要作品中阐发的、作为《神圣之人》计划一部分的、几乎完全依赖于对欧洲政治传统的归属（belonging）的那种政治相反，在《来临的共同体》中，阿甘本提出的是对那种将为一种新的伦理境况开辟空间的本体论的描述——或者，这么说会更好——是对那种考虑到当代的世界状态，可以开辟出一种共同存在（being in common）的新样式的伦理境况的描述。因此，在阿甘本写到作为那些"我们尚未据有任何一种确实性（充其量，我们仅被授予了极微末的一些确当性碎片）"的我们的时候；和他在此境况中发现"对我们而言，这反倒开启了——也许是首次——如此这般地对不确当性进行某种占有的可能性"①的时候，你忍不住会想到那个事实上可被称作共享的当代境况的东西的可能性，而且，确切来说，也只有作为对有意义的认同的追求的中断，这个共享的当代境况，才能像它描述一

---

① Giorgio Agamben, *The Coming Community*, trans. Michael Hardt, Minneapolis: University of Minnesota Press, 1993, p.14.

个欧洲人或西方人那样,同样地把"(作为宾语的)我们"描述为"(作为主语的)我们"。

为理解该计划的这个伦理的成分,以及它在阿甘本那里采取的、与"共同体"问题相关的那条非常独特的路径,让我先在下文中简要地叙述一下,《来临中的共同体》发生的框架——既从更广泛的哲学语境来看,也从阿甘本自己的思想来看。在把阿甘本关于"共同体"的反思放进更广阔一些的环境去看的时候,我希望做的是提供一种对这部作品的诠释,特别地,这种诠释将是以别的方式来阅读阿甘本的一个起点。也就是说,我们不仅要把他当作一个参与解构西方形而上学和这套形而上学塑造的政治现实的西方的、欧洲的作者(人们期待已久的,但位置非常独特的)来阅读;同时,也把他当作一位专注于在"我们"当下的境况中,在对阿甘本来说构成我们唯一的共同特征①的"不可化约的存在的非专有性"②中,找到别样地存在的可能性所需要的哲学家来阅读。

---

① Giorgio Agamben, "The Passion of Facticity", in *Potentialities: Collected Essays in Philosophy*, ed. and trans. Daniel Heller-Roazen, Stanford CA: Stanford University Press, 1999, p.204.

② "共同的东西永远不是一个属性,而只能是非专有的东西。" Giorgio Agamben, *The Use of Bodies*, trans. Adam Kotsko, Stanford CA: Stanford University Press, 2015, p.93. 当然,谈论阿甘本那里的"共同体"和"共同特征"是非常成问题的。我希望在下文中,这些词的具体用法能够展示在他的思想中。

1. 重新思考共同体：一个本体论任务

1983年，让-吕克·南希接受 J. C. 巴伊（J. C. Bailly）的邀请，在期刊《随机变量》（*Aléa*）的专号《共同体，数》（"La communauté, le nombre"）上发表《无作的共同体》（"La communauté désoeuvrée"）①的第一个版本②的时候，共同体这个主题在哲学讨论中是被禁止的。就像南希在他为布朗肖的《不可言明的共同体》（*La Communauté inavouable*）的意大利语译本撰写的前言中回忆的那样，在那个时代，谈论"共同体"就意味着要么会提到共产主义（特别是苏联版、斯大林主义版的共产主义），要么就会提到为德国的民族社会主义所专有的民族共同体（*Volksgemeinschaft*）。③ 事实上，也正如南希从《无作的共同体》的开头就断言的那样，西方的思想，就其创造了人类共同体（human community）的神话而言，已经把这个概念——特别是就它与"政治"（the political）的关系而言，但也不限于此——变成了一个有待实现的本

---

① 一开始是一篇论文，直到1986年，在布朗肖的《不可言明的共同体》出版后，才整理成书。

② 事实上，就像南希本人回忆的那样，1988年《无作的共同体》的德文版出版，在柏林的一份期刊上被描述为"纳粹"。参见 Jean Luc Nancy, *La comunidad enfrentada*, trans. Juan Manuel Garrido, Buenos Aires: La cebra, 2007, p. 19.

③ Jean Luc Nancy, *The Inoperative Community*, trans. Peter Connor, Minnesota: University of Minnesota Press, 1991, p. 2.

质,变成了一个一切政治计划的指导原则,因此也就把"政治"专门设想为一个计划:

> 任何形式的共产主义的反对党(或者说,为了强调在这个语境中,我们不应该把这个词限定在严格的政治指涉上,让我们说"共同体至上的[communitarian]"反对党会更好)都一直服从、现在也依然深刻地服从实现由这样的存在——这些存在在本质上生产着他们自己的、作为他们的作品的本质,并且,确切来说,他们生产的这个本质,就是共同体——组成的共同体这个目标。①

的确,根据南希的说法,这就是构成一切形式历史的总体至上主义(historical totalitarianism)的根基的那个东西。共同体的计划,被理解为一个计划和一件有待完成的作品的共同体,事实上,是和20世纪的总体至上主义背后的历史有关系的。

但我们也不应该简单地把这段历史限定在特定的几个政权和社会上,当然,也不能把它限定在我们最近的政治经验上。相反,根据南希的说法,被设想为一个计划、一件作品的共同体,属于"我们时代的一般地平线"。② 而且,在某种程度上,它也属于整个作为形而上学史的西方思想史。这个历史,用南希的话来

---

① Nancy, *The Inoperative Community*, p.3.
② Nancy, *The Inoperative Community*, p.4.

说,是建立在一种"内在主义"的逻辑的基础之上的。而这个逻辑,又起到了一切对"共同"(the common)的总体至上的描述的一般框架的作用。因此,对当下的当代的哲学批判要面对和激进地质疑的,不仅是总体至上主义,还有"内在主义"。共同体的问题既以一种关于"绝—对(ab-solute)"的内在逻辑的思想、一种被设想为"超脱的、独特的和封闭的""无关系的存在"样式①(这种存在样式把一切对共在[being-in-common]的研究化约为对一个**共有的存在**[a common being]的研究)为基础,又为之所贯穿。

南希评论说,因此,共同体的问题是西方思想史上最显著的问题,也许,同时也是缺失得最明显的问题之一。在共同体被转化为思想的对象,并因此而被化约为对一个有待追溯的起源、一个有待实现的目标或一种有待导出的属性的追求后,它在哲学思想中扮演的主角角色,便矛盾地引发了它自己的死亡。"说共同体还没有被思考过,就是说,它试验思想,它不是思想的对象。而且,也许,它也不必变成思想的对象。"②因此,思考共同体——也许,是第一次地思考它——也就意味着,要避免把它当作思想的(*for* thought)对象来对待。它要求哲学复兴那种方式,即思想展开自己、把自己当作思想来理解的方式。因此而变得必要的,首先是解—构(de-structure)和结构那些——用罗伯托·埃斯波西托

---

① Nancy, *The Inoperative Community*, p. 26.

② Roberto Esposito, *Communitas: The Origin and Destiny of Community*, trans. Timothy Campbell, Stanford CA: Stanford University Press, 2010, p. 1.

的话来说——把一切对共同体的思考,放到一个"偏僻的、被压制的(……)、遥远的和难以辨认的地平线"①上的范畴。

不过——这点在南希那里和在阿甘本那里一样的明确——问题不只是解构。如果说,哲学想变成一种有效的对当下的批判的话,那么,它必须做的事情就不只是暴露空无了,因此也就有了我们的哲学范畴核心处的危险和任意。它必须做的,还不只是通过暴露来中断和通过中断来暴露我们的政治结构的"作"(operativity)。它必须做的,还包括伴随着批判的破坏的一面,把这些政治结构变得无作。批判本身附带一种思想的样式和一种存在的样式,后者提供了一种抵抗一切确保存在在任何固定的意义、认同或工作中被耗尽的尝试的方式。②

这也就是为什么在南希那里,就像在阿甘本这里一样,共同体的问题变成了本体论的问题和任务。"在巴伊的邀请中",南希写道,

> 我立刻就听到了:"共同体关乎什么呢?"这个问题被悄悄地换成了另一个问题,那就是,"共同体的存在是什么呢?"有没有一种本体论能够说明这个众所周知的词,也即"共同"呢?虽然"共同"的概念可能已经变得

---

① 这个表述是阿甘本的。参见"The work of man", trans. Kevin Attell, in Giorgio Agamben: *Sovereignty and Life*, eds. Matthew Calarco and Steven DeCaroli, Stanford CA: Stanford University Press, 2007, p. 2.

② Nancy, *Comunidad Enfrentada*, p. 19.

非常不确定了。①

南希关于共同体的反思,从《无作的共同体》开始,以他在像《单个的多存在》(Être singulier pluriel, Being Singular Plural)中对这个主题的进一步的、更具定义性的阐发为继,不仅再度开启了关于共同体概念的辩论——在《来临中的共同体》中,阿甘本也以自己的方式,参与了这场辩论。南希的反思也成功地展示了,共同体的问题就是一般而言的哲学的问题,就是存在本身的问题,因为存在永远是"共在",永远是在我们的有限性中,对一种不可化约的复多暴露/出—姿势(ex-pose)的存在。正如他在《单个的多存在》开头所说的那样:"存在只可能是散布在这种单个的多的共存之共(with)中的、相互为共的存在(being-with-one-another)。"②共同体的问题背后,重新思考共同体问题的主张背后的迫切要求,是"从原始情景的角度,来重新考虑'哲学'的意义本身:对单个的起源的赤裸暴露"③。

这就是,共在在"无作的""非作的"共同体中**发生/就位**(takes

---

① Nancy, *Being Singular Plural*, p. 3.

② Nancy, *Being Singular Plural*, p. 25.

③ 把 désœuvrement(非作)这个词翻译为英语时面临的困难之一在于,在法语中,这个词既是一个形容词,又是一个同词根的动词。"非作的共同体(La communauté désœuvrée)"的意思,既是共同体的"不运作、不起作用(unworking)",又指一个"非作的"共同体。也就是说,一个被无效化、被弄得不起作用,一个不工作、运作的共同体。

place)和**抵抗**(*resists*)的终极意谓。① 南希强调:"共同体不可能出自作(*work*)的领域。你没法生产它,你只是经验它,或为作为有限的经验的它所构成。"②因此,南希继续说道,

> 共同体必然发生在布朗肖所谓的"无作"(désœuvrement)之中。无作,指的是不再与生产相关,也不再与完成相关。无作,就是遭遇中断、破碎、悬置。共同体是由个别性(singularities)带来的中断,或者说,由单个的存在所是之悬置构成的。③

因此,为了理解个别性的意谓,为了中断认同的、"作"生产出来的共同体的秩序,以及,为了把共同体思考为"非作"的,我们必须让自己面对一种关于共在的本体论。而后者不过是一种关于永远复多的单个的本体论,一种关于那种永远处在共同之**中**(*in common*)的,绝不可能被化约为一种共有的存在、一种认同、一种封闭性和一种已经实现的本质的本体论。

在《来临中的共同体》中,阿甘本也是沿着一种类似的思路,

---

① Nancy, *The Inoperative Community*, p. 31.

② Nancy, *The Inoperative Community*, p. 31.

③ Agamben in Badiou, *Intervention*. 原文是:«mon livre n'est pas du tout conçu comme immédiatement politique, il relève de l'ontologie, à savoir penser la singularité quelconque en tant que pure ontologie.»

决定强调这个工作的本体论的,而非"直接的政治的"特征。正如他在回应关于这本书的一次对话时对巴迪乌说的那样,在讨论"任何一个的个别性"的时候,《来临中的共同体》是"原真而纯粹地本体论的"。① 因此,在他试图通过"任何一个的'是'",和通过他后来所谓的**生命—的—形式**(*form-of-life*)来思考个别性的时候,阿甘本主动地参与了南希在 1983 年开始的那次"**交流**(a communication, a commercium, a commentarium)"②。

而且,正如阿甘本本人继续评论的那样,这样一种本体论回应的,正是**非作的**(the *inoperative*)存在的挑战。正如他在《神圣之人》中明确指出的那样,只有非作的存在——在阿甘本这里,非作的,与"一种新的、连贯的关于力量的本体论"相关的——才能把一切政治理论"从主权的困境中"③解放出来。这种不可能在行动中被耗尽的力量,这种从根本上中断、斜穿过力量与行动之间的传统关系的存在形式,就是阿甘本自己的进入本体论问题的进路,因此也是阿甘本自己的关于共同体的反思。

不过,就像阿甘本也说过的那样,一切都取决于"'非作(inoperativeness)'意味着什么"。④ "唯一一种连贯的、理解非作的方

---

① Nancy in Roberto Esposito, *Communitas: origen y destino de la comunidad*, trans. Carlos Rodolfo Molinari, Buenos Aires: Amorrortu, 2007, p. 9.

② Agamben, *Homo Sacer*, p. 44.

③ Agamben, *Homo Sacer*, p. 62.

④ Agamben, *Homo Sacer*, p. 62.

式,"他继续说道,"是把它思考为不会在**从力量到行动的变动**(*transitus de potential ad actum*)中被耗尽(……)的力量的一种类的样式(a generic mode)"。① 因此,理解这对阿甘本来说意味着什么,将允许我们探索他自己的关于共同体的反思的微妙之处,揭露他的本体论的那些在某种程度上依然隐晦的、在构成《来临中的共同体》的片段中仅仅得到暗示的方面。

2. "一种增补的可能性的礼赠":朝向一种关于纯粹力量的本体论

思考那种可以给阿甘本描述的、由非本质的个别性构成的来临中的共同体位置或场所的无作,要求一种关于"一种纯粹力量的存在"的本体论,也即一种关于一种"任何认同和作品都不能耗尽的"②存在样式的本体论。根据阿甘本,只有这种本体论能够中断主权权力背后的逻辑,因为后者是完全依赖"现实相对于力量的首要性"③的传统诠释才保持"作"的状态的。这就是为什么阿甘本对力量的分析不仅是他对主权的诊断的核心,也是他切入共同体和政治的进路的核心。"人的工作的完全实现,因此,也就是,人在历史的终点可以不作这个现代(或者说后现代)问题",他

---

① Giorgio Agamben, "The work of man", p. 2.

② Agamben, *Homo Sacer*, p. 44. 当然,主权权力背后的逻辑和矛盾要比这个现实性相对于力量的首要性更复杂。在本章的后文中,我还会进一步阐发这个问题。

③ Agamben, "The work of man", p. 2.

写道,在关于"一种人的非本质的不活动"的思想中找到了(……)"它的合乎逻辑的形而上学基础"。①

哪怕对阿甘本来说,问题已经从政治哲学移到了"第一"哲学,这也不意味着,我们也不应该认为这意味着一种从**实践**(*praxis*)领域向"无形体的思想世界"②的抽象的移动。相反,对阿甘本来说,作为力量的思想是另一种共同体的原初经验(因此也就是**实践**[*praxis*]),它只在为对诸众、为对无认同的个别性暴露/出—姿势的存在间发生。**实践**(*praxis*)而不再是**制作**(*poiesis*)的范式,力量而不再是现实的首要性,才是围绕阿甘本的(政治的)本体论的概念,而这种本体论的最终目标看起来是呼吁而不是替换人类的实践和政治行动。

不过,问题依然存在:怎样从纯粹力量的立场来理解一种存在的样式、一种实践的样式呢?"纯粹力量"意味着什么? 在《来临中的共同体》中,阿甘本为解释他所说的这个概念以及何以这个概念是以对亚里士多德关于"无—所是的力量"或"不去是的力量"③的细致分析为基础的,而回到了亚里士多德。根据阿甘本,哲学史一直忽视、而阿甘本则提议细致解读的那种对力量概念的

---

① 参见威廉·拉什对阿甘本提出的批评,见 William Rasch, "From sovereign ban to banning sovereignty", in Giorgio Agamben: *Sovereignty and Life*, eds. Matthew Calarco and Steven DeCaroli, Stanford CA: Stanford University Press, 2007, pp. 92 −108.

② Agamben, *The Coming Community*, p. 34.

③ Agamben, *The Coming Community*, p. 34.

诠释的关键,就在于亚里士多德的那几句话。"一切的关键就在于,"阿甘本写道,"力量向动作的过渡的'即将发生'"。① 如果你仔细看这段话的话,你就会发现,不去是的力量与无—所是的力量——这种力量,在阿甘本看来,是传统视之为当然的那种——之间的对称只是表面上的。② 尽管从去是的力量到其行动的过渡,不总被认为是由行动本身决定的——这种诠释意味着,过渡只可能以从力量到行动的简单转化而发生——但是,在不去是的力量这里,情况不一样了:"对'无所是'的力量来说则相反,其动作绝不可能是某种简单的 transito de potentia ad actum(**力量兴作而为动作的过程**)无—所是。"③在向现实的过渡中,不去是的力量并没有被耗尽。相反,它被"保留在行动中,在行动中被运用"④,生成一种不同于"肯定积极的力量优先于行动的反讽立场"⑤的与现实的关系。

因此,情况表明,非作不仅对力量概念本身(按亚里士多德的定义,"力量的东西既可以是,又可以不是")来说是必不可少的,而且,确切来说,它也开启了思考力量本身,自主地,不再把它当作一种逻辑上的可能性,而是按它的**实存的实际样式**来思考它的

---

① Cf. Agamben, *The Coming Community*, p. 35.
② Agamben, *The Coming Community*, p. 34.
③ Agamben, *The Coming Community*, p. 35.
④ Agamben, *The Coming Community*, p. 35.
⑤ Agamben, *Homo Sacer*, p. 45.

可能性。"如果力量有它自己的一致性,而总是即刻消失、化作现实"的话,阿甘本写道,

> 那么,这就是必然的了:力量有能力不向现实过渡,力量在构成上是不去(做或是)的力量,或者,就像亚里士多德所说的那样,力量也是**不发力**(adynamia)。①

《来临中的共同体》和《神圣之人》中的所有这些段落,都是阿甘本几年前在一篇原发表于 1986 年的论文《论力量》中,用更多的细节建构起来的论证的结果。阿甘本提出,如果仔细跟进的话,我们会发现,亚里士多德对**不发力**(adynamia)问题的分析,引出了一种形式的、**现存的**力量,这种力量不会在现实中接近,它还保持着与自身之缺乏的联系——作为后者的本质。**现存的**力量意味着,同时有能力去做或"不做一个作品"②。因此在这个语境中,"是力量的"意味着"是某人自身所缺乏的东西,与某人自己的无能有关"。③ 换言之——也是在这里,论证再次与《来临中的共同体》的主题关联起来了——是力量的,也就是,是专有地非专有的,也就是,"承认"非专有是一个人自己专有的东西。

---

① Agamben, "On Potentiality", p. 179.
② Agamben, "On Potentiality", p. 182.
③ Agamben, *Homo Sacer*, p. 45.

用阿甘本后来在《神圣之人》中使用的更明确的术语来说,对无所一是的力量的分析揭示的,从根本上说,是一种"主权地能不发自身之力(sovereignly capable of its own im-potentialty ['impotenza'])"①的力量。在这里,通过以不实现行动的方式保持这个行动的能力,力量"通过悬置现实的方式,维持它与现实的联系"②。因此,这种形式的力量开启了这样一个领域(阿甘本在《来临中的共同体》中说的一个区域)③,在这个领域中,可能性和现实,力量和行动,变得不可区分了。这就是人的力量的深渊,阿甘本写道:"人是能不发其力的动物。人的不发其力的**深渊**,是衡

---

① Agamben, *Homo Sacer*, p. 45.
② Agamben, *The Coming Community*, p. 56.
③ Agamben, "On Potentiality", p. 182. 在这些段落中,阿甘本追随亚里士多德,不只是谈论一个存在,而是明确把这种纯粹力量的存在样式与**人的存在**联系起来。就算在《来临中的共同体》中,"任何一个的存在"一开始并没有和人类联系在一起,我们还是可以发现这样的几段话,其中,任何一个的存在指的的确是人。对《神圣之人》和《无目的的手段》来说也如此。这就对阿甘本自己的视角提出了一个问题,因为,正如珍妮・爱达金斯(Jenny Edkins)在她的论文《任何一个的政治》中指出的那样,"一种任何一个的政治,如果它是一种无归属条件的政治的话,那么,它就不可能作为人类或人的存在的政治——无论你在定义上把它说得多么广泛——而起作用了。"(Jenny Edkins, "Whatever politics", in Giorgio Agamben: *Sovereignty and Life*, eds. Matthew Calarco and Steven DeCaroli, Stanford CA: Stanford University Press, 2007, pp. 70 -91.)关于阿甘本哲学中对此的更多讨论,也可以参见卡拉科在同一本书中的论文:Matthew Calarco, "Jamming the anthropological machine", pp. 163 -179.

量人的力量之伟大的尺度。"①这就是自由的起源,与之相伴的是善与恶的起源和根源:的确,主权逻辑的起源,和中断这个逻辑的可能性也都在这里。

正如在《神圣之人》中变得明确的那样,给主权本身以可能性的,确切来说,是那种预设,而非否认纯粹力量的逻辑。"主权者确切来说就是这种"可能性与现实之间的"不可区分的区域"。②这也是出自亚里士多德论述的模棱两可之处,因为纯粹的力量和纯粹的现实,不过是主权的存在的两面:

> 主权永远是双重的,因为存在,作为力量,为把自身实现为绝对的现实(因此现实预设的不过就是它自己的力量)而悬置自己,在一种与自己的禁止(或放弃)的关系中维持自己。③

在搁置自己的不去是的力量的时候,力量只可能转变为**绝对的现实**(这也是主权权力本身、主权行为的运动,因此,也是其构成性的矛盾)。这个"搁置"就是阿甘本——追随南希——所谓的"禁止的关系"。南希写道,

---

① Agamben, *Homo Sacer*, p. 47.

② Agamben, *Homo Sacer*, p. 47.

③ Jean Luc Nancy, *The Birth to Presence*, trans. Brian Holmes, Stanford CA: Stanford University Press, 1993, p. 44.

放弃,就是免除、托付或交给这样的主权权力,就是免除、托付或交给它的禁止(……)在被交给法律的绝对者后,被消除的东西,也就被完全放弃到它的管辖权外。放弃的法律要求法律应该通过退出来得到应用。①

因此,在主权权力这里,通过退出来得到应用的,或者,用阿甘本的话来说,**通过排除来被包括**的,就是让位给神圣之人,给赤裸生命的通过排除来进行的包容的那个东西。

不过,可以中断和逃避禁止关系和主权本身设定的逻辑的,也是关于这种纯粹力量的思想。这个任务,就像阿甘本在《神圣之人》中指出的那样,是

这样思考力量的实存:甚至不把它和存在联系起来,以自我的礼赠和顺其自然(letting be)的形式来思考它。不过,这么说的意思不过就是,超越一切关系的形象,甚至超越主权的禁止这个限制关系,来思考本体论和政治。②

《来临中的共同体》就是走向关于这种本体论的思想的第一步。对阿甘本来说,根本的问题——《来临中的共同体》试图解决的,看起来也是这个问题——在于这个事实,即,与专有地,把我

---

① Agamben, *Homo Sacer*, p.48.
② Agamben, *The Coming Community*, p.44.

们的力量设想**为**力量相反,我们把这种无能(这种"缺乏基础")理解为一种**罪**、一种**欠负**。"唯一的恶",阿甘本写道,在于决定"将自身本己的力量——这力量正是人最本己的'实存'样式——视为一种必加抑制的罪"。① 因此,几乎沿着与南希相同的思路,阿甘本把共同体的传统哲学环境中的共同体问题,理解为通过设定一个有待完成的任务、工作和本质来补偿这种缺失的问题。如果有什么东西是人"必须是"的,那么,阿甘本坚持,"这个什么东西,既不是某种本质,也算不上某种东西:它不过是这样一个简单的事实,即人自己的实存就是可能性或力量"②。这是中断那个过程——通过这个过程,伦理学变得"有效",也就是说,通过这个过程,一种应该成为伦理学的唯一起点的构成性的力量变成了人必须弥补的**过失**(原罪)——的唯一方式。

《来临中的共同体》中的这些段落解释了阿甘本在《论力量》中所示的那种对亚里士多德的陈述——"如果一个东西在我们说它所能去是的行动实现后,它就没有任何'不发力'的东西,那么,它就是力量的"③——的误解带来的伦理的(以及,正如我们已经看到的那样,政治的)后果。与把它诠释为同语反复(如果这样理解的话,那么,亚里士多德的这段话就不过是在肯定,"可能的东西,就是这样的东西,关于它,没有什么是不可能的")相反,阿甘

---

① Agamben, *The Coming Community*, p. 43.
② Cf. Aristotle, *Metaphysics*, 1047a24 −26, in Agamben, p. 183.
③ Agamben, "On Potentiality", p. 183.

本在这个陈述中,发现了一种关于从现存的力量到现实的过渡(或者说,换言之,关于无—所是的力量的现实)的理论的核心,这个理论,将扰乱从力量到行动的转化的逻辑(以及因此而来的,力量对行动的从属关系):"因此,亚里士多德说的是:如果一种不去是的力量在一开始的时候就属于所有力量,那么,就只有在无—所是的力量不滞后于现实,而是充分地转化为现实本身的地方,才有真正的力量。"①在"把力量完全转化为行动本身"②的过程中也失去其全部"不发力"的,算不上真正的力量。

这个论证,引出了阿甘本后来在《来临中的共同体》中以"任何一个的存在"的名义,和在《无目的的手段》中通过引入"生命—的—形式(form-of-life)"这个概念启动的那种"纯粹力量的本体论"。阿甘本坚持,为思考纯粹的力量,以终端对主权逻辑的再生产,也就是思考"把自己交给自己"③的力量的可能性。在已经抵达终点、耗尽所有可能性的东西中,还有某种来临中的东西。那是一种已被给予的东西中的、永远是增补性的可能性的礼赠,而我们也依然可以,阿甘本写道,"从人类的空手"采集这个礼物。④

---

① Agamben, "On Potentiality", p. 183.
② Agamben, "On Potentiality", p. 184.
③ Agamben, "On Potentiality", p. 68.
④ Giorgio Agamben, *Means Without End: Notes on Politics*, trans. Vincenzo Benetti and Cesare Casarino, Minneapolis: University of Minnesota Press, 2000, p. 9.

3. **我们**所是之阈限:非本质的共同性

也许,现在在详细考察了阿甘本的力量概念之后,我们可以更好地理解,为什么在《无目的的手段》的开头,他会如此激进地肯定,**政治生活**的可能性就在于这个问题:"今天,像生命—的—形式那样的东西,即一种在它自己的生活中,生活本身成了赌注的生活,是否可能? 今天,一种**力量的生活**是否可用?"①你可以说,这就是被理解为工作的中断,被理解为**力量**的、来临中的共同体的可能性。阿甘本写道:"就人们联系某种 *ergon*(工作)来定义政治而言,政治,是一种**作**(*operosità*)的政治,而不是**非作**(*inoperosità*)的政治;是行动的政治,而不是力量的政治。"②生命—的—形式,力量的生命,因此将意味着,它不仅是一种把力量(而非行动)理解为政治的核心概念,理解为"人特有的特征"③的生命;而且,也许也是更重要的,它还是一种作为力量,把自己理解为永远**共**—在(*in-common*)的生命。

这就是阿甘本发现的,但丁在《论世界帝国》中对亚里士多德的解读的有趣之处:在阿甘本看来,这个事实是非常有趣的,那就是,甚至在遵循亚里士多德及其关于人专有的"工作"(*ergon*)是一种有待在政治上得到实现的本质的观念时,在但丁的解读中,

---

① Agamben, *Means Without End*, p. 9.
② Agamben, "The work of man", p. 5.
③ Agamben, "The work of man", p. 7.

"人的逻各斯"特有的特征,也不是作为**作**(*operosità*)的逻各斯,而毋宁说是这个事实,即"它并非永远处在行动中,而是首先以及最重要地,只在力量(非作)中实存"。① 用但丁自己的话来说,使人的生命有别于其他任何种类的生命的特征,并不是理性的活动**本身**,而是这个事实,即,人的理性本质上是力量的(*intellectus possibilis*):"人的思想在构成上就暴露在它自己的缺乏和无为的可能性面前"②。因此,原始的力量就是**思想**的力量(就像阿甘本在《论力量》中所说的那样,事实上,该文的意大利语标题就是《思想的力量》[*La Potenza del Pensiero*])。在但丁的论证中,这意味着,作为力量,思想要求一个 *multitudo* 去行使它自己的活动。为了在行动中实现(并因此,而在这样的行动中永远"保存"它的力量)思想的力量,作为力量的思想要求的,就已经是多了:"在我能的地方,我们永远已经是多了。"③

"人的工作",对但丁——我们也可以从阿甘本的角度来说,这个作为一种无作,作为本质上的**非作**的工作——"要求诸众,并的确也使诸众(而非一个人民、一个城邦,或一个特定的共同体)成为政治的真正主体。"④因此,力量的存在样式,确切地说,是一种**类的实存**(*generic existence*),因为我们只能把这个经验当作一种

---

① Agamben, "The work of man", p.7.
② Agamben, "The work of man", p.9.
③ Agamben, *Means Without End*, p.10.
④ Agamben, "The work of man", p.9.

共在(在阿甘本那里,这个共在永远是从一个非本质的共同体的角度来理解的,在非本质的共同体中,不会有认同发生,因此,在这里我们用"诸众"概念来指涉它)的经验来经验。在这里,只要回想一下上面说到过的东西,我们就不会进入那个思想与现实对立的领域了。为了思考在主权强加的那种共同性(这是一种永远从通过排除来进行的包容的角度、为政权和禁止的逻辑所定义的共同性)背后的、超越或取代那种共同性的共同体可能是什么,阿甘本诉诸一种对我们来说本应是可识别的经验,一种永远已经处在我们的行动(而在正常情况下,也许,我们又是在"作品"的逻辑内理解行动的)核心的**实践**(*praxis*):即,思想在我们把自己思考为"伦理的",也就是说,思考为**专有的非专有**(*properly improper*)、思考为"纯粹力量中的存在"时所是的那种经验。

阿甘本写道,"一切共同体都有一个已经是力量的特征",因为,从思想经验的角度来理解,共同体只可能在"不总是且只是被付诸行动"的,不"总是已经是这个或那个东西、这个或那个认同",而"毋宁说被交付给一种可能性或一种力量"(而在这种可能性和力量中,"每一次,生活和意图和理解都处在危险中")[①]的存在中发生。只是因为我们**是**那样的存在,才会有像**共话**(*communication*,沟通,相互传达)这样的东西("我们还能通过我们身上依然是力量的东西来与他人沟通")[②];而也只有在**有**沟通这个事

---

① Agamben, *Means Without End*, pp. 9, 10.
② Agamben, *Means Without End*, p. 10.

实中,对一个来临中的共同体,对作为力量的思想的经验,才可能(如果它可能的话)发生。因此,阿甘本评论道,

> 我们所处的时代也是这样一个时代,人类对其自身语言本质的体验在这个时代里才第一次成为可能。也就是说,人类在这个时代里首次能做到体验的不是语言内容或某些真命题,而是语言本身和作为事实的言说本身。(……)只有将语言本身交还给语言的那些人,才能成为既无预设也无国家的那种共同体中的第一批公民。①

因此,语言,是阿甘本的来临中的共同体的真正主角。② 语言是**事件**,"任何一个的存在"在这个事件中出现,并发现了自己的暴露,自己的如此存在(being-such)。(和在本雅明那里那样)被

---

① Agamben, *The Coming Community*, p.82.
② 在和阿甘本的关于《来临中的共同体》的对话中,巴迪乌问,有没有什么事件为阿甘本所谓的"任何一个的存在"提供了场所。巴迪乌坚持,必须得有这样的事件,否则,要么个别性就是已经在那里的了(这就导致共同体没有来临的空间了:没有什么可来的了),要么,它就永远不会来了。阿甘本的回应如下:"实际上,我试图勾勒出一种语言(langage)中的事件理论,即语言中的所谓存在的理论。语言名称作为一种极端—事件,作为一种先验行为,在语言中规定着所有类型的事件。这或许是一项不可能的任务,在本书中也并不是十分清楚。但这个想法在于,既不再把语言思考为一种语法,也不再把语言思考为一种具有一些语言学属性的语言(langue),而是把它思考为事件。"Cf. Badiou, "Intervention".

理解为纯粹的媒介性(mediality)、被理解为可传达性(communication)这个事实本身的语言,在这里是"把对象传给它自己的发生,而不是传给另一个物或传到另一个地方的运动"①。

在语言这个事件中出现的这种特别的存在样式,确切来说,正是一种逃避和中断自己,把自己暴露为虚假的、暴露为"个体的东西的不可抹除性和普世的东西的不可理解性"之间的困境的个别性。② 阿甘本解释说,这是一种只有在被当作"任何一个的个别性",也就是说,只有在不把它当作"是对这个或那个质或本质的理知,而只能是对某可知性的理知"来理解,才是可理解的。③ 和可爱之物一样④,在这里,个别性也是**就其本身**(*as such*)而论的——可爱之物,不是因为"被爱者的这样或那样的属性",也不是因为某种抽象的无差别的一般性,而是因为"爱用它所述谓的一切欲求某物,它的存在如其所是",才是可爱的。⑤ 语言中的存在,是这样一个事件,它"既不专有,也不非专有,既非归属亦非排除(ni appurtenance ni inappartenance)";而事实证明,为共同体事件所专有的语

---

① Agamben, *The Coming Community*, p. 2.
② Agamben, *The Coming Community*, p. 1.
③ Agamben, *The Coming Community*, p. 2.
④ 这点在被翻译为英语的时候肯定就看不出来了:拉丁语的"quodlibet",甚至西班牙语的"cualquiera",还能让我们想起一个不是随便什么的、无差别的存在,一个"可喜的""可爱的"存在的概念。"Libet"指的是欲望、爱。这里起作用的不是无差别,而是个别性。
⑤ Agamben, *The Coming Community*, p. 2.

言,就是语言本身这个事件(the language that is language itself)。①

因此,我们不能通过某个作为共有谓项的属性来理解阿甘本的来临中的共同体,我们也不能把它理解为一种在其界限内,围住一种共享形式的生活的认同。我们不能把共同体视为一个在**共在**本身这个事实中穷尽自己、实现自己的**共同的存在**。如果我们要用"共同的"这个词的话,那么,我们既不应该用它来指一个更高的目的,也不应该用它来指实现那个目的的理想的手段。具有非本质的个别性的来临中的共同体的经验本身,就是作为语言的思想,作为可传达性的语言的经验,也即"作为纯粹的媒介性的语言中的存在","作为人的一个不可化约的条件的在手段中的存在"的经验。②

因此,来临中的共同体,说到底就是这种"纯粹的媒介性"的暴露,就是那种构成人类的行动和思想的唯一领域的纯粹力量的显现。这也就是为什么,借用巴迪乌对阿甘本的计划的描述来说,共同体问题不是一个**包含**的问题,而是一个**归属**的问题。包含永远是属于主权的逻辑,而归属则是"多的外露(multiple ex-posure)""纯粹赠予中的存在(being-in-pure-donation)"。③ 阿甘本写道,**离一身**

---

① Cf. Agamben in Badiou, "Intervention".

② Cf. Agamben, "Le commun".

③ Badiou, "Intervention": «l'inclusion est le signe de la prise étatique, l'appartenance est le signe de l'exposition multiple, ie le signe même de l'être en tant qu'être dans sa pure donation en multiplicités indifférentes.»

(*ek-stasis*)是个别性的礼物①,是个别性在存在的阈限收集的礼物。这些限制既不是界定一个确定的共同领域的手段,也不是一个特定的认同共同体的框架。毋宁说,它们是共同体所能够发生的场所:"'临界'乃是对'界'本身的经验,是对由此而有'是内''是外'之别的经验。"②阿甘本会坚持,这也是**我们**在被没收了所有认同后**所是**的那个阈限,它要占有的,是归属本身。③

如果要思考"任何一个的个别性"的共同体(或政治)的话,那么,这就是唯一依然有待思考的共同体:一个不可能以除归属本身外的任何东西(既不以条件,也不以条件的绝对缺失)为中介的共同体。④ 因此,阿甘本写道,这样的共同体,不是布朗肖的否定的共同体⑤,它也不是其不—可能性(im-possibility),就像,也许,德里达会认为的那样。⑥ 的确,它更接近于南希的非作的共同体,更接近

---

① Agamben, *The Coming Community*, p. 68.
② Agamben, *The Coming Community*, p. 68.
③ Agamben, *The Coming Community*, p. 11.
④ Agamben, *The Coming Community*, p. 85.
⑤ Agamben, *The Coming Community*, p. 85.
⑥ 一种被这样一个事实——它的可能性的条件和它的不可能性的条件是契合的——定义的不—可能性。尽管我们可以密切联系阿甘本的力量的本体论来解读德里达对不可能者的思考,但我认为,阿甘本依然属于那些"关于共同体的话语",依然太过于接近德里达在《友爱的政治学》中明确拒绝的那个博爱概念,参见 *Politics of Friendship* (cf. Jacques Derrida, *The Politics of Friendship*, trans. George Collins, London and NY: Verso, 1997, see especially pp. 296 -300)。

于南希的"同伙(compearing)":**一个非本质的共同体**①,其中"**个别性的沟通(……)没有在本质上统一它们,反而在实存上使它们分散**"②。因此,共同体也就被理解为个体性在纯粹的外露经验(即按其自身来理解的语言)中,向实存(existence)的分散。这也是唯一一种可能的、思考"个别性在不肯定某种认同的情况下形成一个共同体"的方式。③ 而无论在哪里,只要有这样的共同体,只要有这样的经验发生(**若它发生了**,**若它可能发生**),那里就会出现没有一个政权、没有一个主权权力能够容忍的**生命—的—形式**。

4. "……一种有限者的难以察觉的颤动"

我们还应该问,来临中的共同体是已经发生(作为一种形式的抵抗,也许,在一切反抗政权的地方)了,还是说,阿甘本在论证的,依然是一个本身还没有到来,但其内在性只能从内部来思考、只能为"我们"当下环境的当代境况所驱动的事件。

这个问题很难回答,因为这里谈论的东西在阿甘本的思想中,本身就是一个开启了一整个新的领域、与一整个新的领域相关的时间性概念。④ 看起来,提出这个问题依然是重要的:这里是

---

① Agamben, *The Coming Community*, p. 18.
② Agamben, *The Coming Community*, p. 19.
③ Agamben, *The Coming Community*, p. 86.
④ Cf. Agamben's studies of Paul's messianic thinking in *The Time that Remains* (published originally in 2000).

否存在一个要来但还没有来的东西,还是说,个别性的经验本身,就已经是一个可能的"既定的"共同体了。阿甘本看起来在他的许多作品中为所有这些可能性都提供了证据。有时,他看起来谈论的是一种已经在那里,比如说,在语言中,作为一个事实的经验。但其他时候,他又以一种更加"末世论的"语气,宣告来临中的东西将在被摧毁的东西中出现。① 不过,我们应该从力量的本体论的角度(我已经展示过,这是阿甘本关于共同体的思想的核心)来应对这些问题。如果说,这种本体论的框架扰乱了我们对力量和行动的传统理解,如果说,存在着一种可能性,它被设想为通过把它的不发力完全转化为实存,而把它的力量完全穷尽②,那么,我们就不能用这样一种可能性与现实性、许诺与事实之间的辩证,来思考来临中的共同体的概念了。

《来临中的共同体》的最后几个章节之一,是一个来自阿甘本的寓言,它原本是本雅明从朔勒姆那里听来,又告诉布洛赫的:

> 哈希德派里有一则关于即将来临的世界的故事,它是这样说的:所有事物在那儿存在就像在这里存在一样。我们现在的房子是什么样的,它在那个即将来临的世界里还是什么样子;现在在这儿睡着我们的孩子,在

---

① See, for instance, Agamben, *The Coming Community*, "Without classes".
② Agamben, "On Potentiality", p. 183.

那个即将来临的世界里,那儿也还睡着我们的孩子;我们现在在这个世界里穿着什么衣服,我们在那个即将来临的世界里也穿着什么衣服。一切都很像现在,只有少许不同。①

阿甘本写道,这个寓言,"把可能性引入这万物完满的地方之内,把一种'否则如何(altrimenti)'引入这万物终结的地方之内"②,一个"少许不同",而且看起来,这个"不同"指的不是事态,"而是它们的意义和它们的限度"。③

这个寓言涉及的某种东西,看起来把握了阿甘本整部作品的精神,和在《来临中的共同体》这个标题中引起的时间性的许诺的意义。中断主权、使政治无作、带回一种搁置我们对现实性的整个理解的本体论,这不是一个将在一个可能的——也许,甚至是内在的——未来发生的事件,如果我们让它来的话。就像在寓言的第一个版本中那样,"建立和平王国并不必毁灭一切,且不必从一个全新的世界开始"④。应该发生的——如果它发生,或如果说它已经在此时此刻一而再地正在发生的话(尽管我们也不能把它指出来,因为世界依然是一样的)——是"正确地与非专有的东西

---

① Agamben, *The Coming Community*, p.53.
② Agamben, *The Coming Community*, p.54.
③ Agamben, *The Coming Community*, p.54.
④ Agamben, *The Coming Community*, p.53.

相爱"①,是理解到,任务在于,要进一步地"属于如此这般的无所专有性本身"②。

就是说,人们若能不再各自特殊地生活却又出落为一种同一性,若能只是如此这般地仅仅各"是"其"是",若能仅"是着"他们各自个别的外显性、仅"是着"他们自己的面孔本身,总之,若能做到以上种种,人将可能首次达成一种无预设的、无主体的共同体,人将可能首次达成一个既不知何为"相互沟通"、亦不知何为"不可相互沟通"的共同体。③

语言就在那里等待我们居住,等待我们意识到,是思想本身的实践把我们不可避免地集会在一起,而这个集会,不是包含我们的个别性,而是使我们的个别性分散:于是作为一种实践的语言本身变成了一场反对主权,反对一切把语言当作界定、分类、包含和承认的手段来使用的逻辑的斗争。进入"语言的天国并能够全身而出"④的任务并不容易,但也许,只有在思想中、通过

---

① Giorgio Agamben, "The passion of facticity", in *Potentialities: Collected Essays in Philosophy*, eds. and trans. Daniel Heller-Roazen, Stanford CA: Stanford University Press, 1999, pp. 185-204.

② Agamben, *The Coming Community*, p. 65.

③ Agamben, *The Coming Community*, p. 65.

④ Agamben, *The Coming Community*, p. 83.

思想本身来承担这个任务,我们才可以简单地通过意识到"这个任务是可能的"而帮助"生产出"一种"有限者的难以察觉的颤动"。

"自我的新使用":阿甘本论来临中的共同体[①]

杰西卡·怀特

> 天堂和地狱是扭结在一起的。
> ——霍克海默和阿多诺《启蒙辩证法》

在伴随弥赛亚预言的"即将来临的世界"的大量猜测中,有一个特别突出——不是因为它的预言荒诞不经,而是因为它对救赎的陈述非常平庸。在《来临中的共同体》中,阿甘本讲述了以下故事,它是瓦尔特·本雅明讲给恩斯特·布洛赫的:

> 哈希德派里有一则关于即将来临的世界的故事,它是这样说的:所有事物在那儿存在就像在这里存

[①] 本文发表于 *Theory and Event*, Volume 13, Issue 1, 2010。作者杰西卡·怀特(Jessica Whyte),新南威尔士大学人文语言学院(哲学)和法学院研究员、副教授,文章发表时于莫纳什大学比较文学与文化研究中心攻读博士学位。

一样。我们现在的房子是什么样的,它在那个即将来临的世界里还是什么样子;现在在这儿睡着我们的孩子,在那个即将来临的世界里,那儿也还睡着我们的孩子;我们现在在这个世界里穿着什么衣服,我们在那个即将来临的世界里也穿着什么衣服。一切都很像现在,只有少许不同。①

毫无疑问,这种救赎的形象令人失望,特别是与基督教承诺"不再有死亡,也不再有悲哀、哭号"(启示录21:4)的"新天新地"并列时(启示录21:1)。尽管如此,在提供与我们的世界密切相关的即将来临的世界的图景时,它似乎预示着改变我们的世界的可能性,即使只是一点点。然而,由于这个故事在传统中流传下来,

---

① Giorgio Agamben, "Halos", *The Coming Community*, p. 53. 感谢埃里克·桑特纳(Eric Santner)让我注意到这个故事实际上属于朔勒姆这一事实。参见 Eric L. Santner, *On the Psychotheology of Everyday Life: Reflections on Freud and Rosenzweig*, Chicago and London: University of Chicago Press, 2001, p. 122, n. 52. 事实上,朔勒姆在1934年7月9日写给本雅明的一封信中说:"这些故事源自哪里? 恩斯特·布洛赫得自于你,抑或是你得自于他? 对布洛赫那里出现的弥赛亚王国有着深刻见解的伟大拉比就是我自己;真是成名的捷径啊!! 这是我关于卡巴拉的最初思考之一。" Gershom Scholem, "Scholem to Benjamin", July 9, 1934, in Gershom Scholem [ed.], *The Correspondence of Walter Benjamin and Gershom Scholem: 1932—1940*, trans. Gary Smith and Anson Rabinach, New York: Schocken Books, 1989, p. 123. 2 In Giorgio Agamben, "Halos", p. 53.

并最终由哥舒姆·朔勒姆传给本雅明再传给布洛赫,所需要的变革的性质以及能够实现变革的力量(agency)的问题得到了不同的、经常是矛盾的强调。在布洛赫讲述的故事中——它引入了对本雅明先前讲述的版本的一个轻微但却是决定性的变化——如果即将来临的世界将像这个世界一样,这并不意味着构成它的微小差别很容易去完成。布洛赫认为,建立这个新世界所需要的只是石头、杯子或树苗的一点点移动。"但是,"他写道,"这种'一点点'是如此难以做到,它的尺度是如此难以把握,以至于人——只要是此现世的人——是没办法做到的,必须有弥赛亚来临"。①

对于我们今天来说,想象一个被救赎的世界——在这个世界里,一切都很像现在,只有少许不同——意味着什么呢?这种差异会包含什么,如何实现它?它会给"救赎"的观念带来什么样的转折呢?在本雅明的《论历史概念》②的第二个论题中,他提出的设想似乎和哈希德派的故事有关:与一个灵感位于这个世界之外的乌托邦形成对比的是,他认为我们自己的时代彻底地为我们关于幸福的图景着色。他写道:"那种可能引起我们嫉妒的幸福,只存在于我们呼吸过的空气之中、我们本应与之交谈过的人之中、

---

① In Giorgio Agamben, "Halos", p.53.
② 即写作于1940年年初的《历史哲学论纲》,这篇文稿最初的名字是《论历史概念》,后人整理收入文集时定名为《历史哲学论纲》。译文引自《启迪:本雅明文选》,张旭东译,北京:三联书店,2008年,第269页。——译注

本应把自己托付给我们的女人之中。"①此外,本雅明清楚地表明:"我们的幸福形象与救赎的形象密不可分。"②通过从我们发现自己的世界中获得幸福的愿景,这使得避开以神圣干预为前提的救赎模式、想象一种内在的社会变革形式——实际上是一种政治形式——成为可能。然而,在探讨阿甘本的著作时,这种方式因对**这个**世界的冷酷无情的判断而变得复杂。从一个典范实例是集中营的世界中获取我们的幸福图景意味着什么?提出拯救我们免于灾难所必需的新生活形式与我们今天的生活完全不同——一种生命政治、例外状态的正常化和不断的商品化所代表的生活——意味着什么?在接下来的内容中,我认为,在阿甘本看来,我们恰恰必须从这个世界中——阿甘本追随居伊·德波,称之为"景观社会"——找到幸福的愿景。

阿甘本认为,在景观社会中,无论是法律还是语言,所有坚实的基础都被挖空了,地球上的所有国家都被推向了一个单一的命运,其特征是"政治和全部社会生活向景观式幻影的转变"③。然而,在这一点上,他指出了一个惊人的方向:提出行星上的人类现在由一个全球性的"小资产阶级"组成,我们每个人都生活在"个

---

① Walter Benjamin, "On the Concept of History", *Selected Writings*, Vol. 4, eds. Howard Eiland and Michael W. Jennings, Cambridge: Harvard University Press, 2003, p.389.

② Walter Benjamin, "On the Concept of History", p.389.

③ Giorgio Agamben, "Shekinah", *The Coming Community*, p.79.

人存在的荒谬"中,他同时提出这个小资产阶级——对他们来说真实性、适当的、职业、语言的差异、习俗和性格"不再具有任何意义"——是新生活形式的先驱者。① 在概述这种新生活的可能性时,阿甘本以其显而易见的谦虚提出了一个任务,与本雅明版本的哈希德派故事相呼应:"在这行星式的新人身上仔细择取那些能使这层薄膜被揭开的特质——这些特质也将是使人幸存下去的东西——",他写道,"这就是我们这代人的政治任务"。② 在这一费解的提法中,我们可以辨别出,如果小资产阶级是阿甘本希望的密码,那是因为它的世界——**我们的**世界——在某种程度上类似于他自己版本的即将来临的世界(实际上,比历史上的任何一点都更类似)。当这种相似之处被批评家注意到时,它经常迎来困惑,以及某种建议——阿甘本的救赎图景仅仅是对他希望从困境中解救我们的复述。这一点在斯拉沃热·齐泽克提出的问题中很清楚:"我们在社会现实中没有遇到阿甘本所设想的乌托邦愿景吗?"③并且在一种不那么批评的语气中,安东尼奥·奈格里认为,在《来临中的共同体》中,"救赎的经验被表现为反乌托邦"④。我将在此提出,虽然这些思想家正确地强调了阿甘本对我

---

① Giorgio Agamben, "Without Classes", *The Coming Community*, p. 65.

② Giorgio Agamben, "Without Classes", *The Coming Community*, p. 65.

③ Slavoj Žižek, *The Parallax View*, Cambridge: MIT Press, 2006, p. 299.

④ Antonio Negri, "The Discrete Taste of the Dialectic", eds. Matthew Calarco and Steven De Caroli, in Giorgio Agamben: *Sovereignty and Life*, Stanford CA: Stanford University Press, p. 117.

们时代的诊断与他对新生活方式的描述的接近程度,但这些批评仍然局限在某个范围里——即他们没有考察阿甘本视为能实现此种生活的、我们自己时代固有的动力。在下文中,我概述了这种动态——在阿甘本看来,它使实质性的认同无效,首次使一个纯粹的个别性的共同体成为可能而不被排斥。虽然阿甘本对景观的描述使我们能够看到与我们自己时代的变革关系的可能性,并且使我们避免了怀旧式地回到以往的确定性的尝试,但是我认为它没有充分关注景观资本主义——现代社会与那些在令人兴奋的进步时期,被认为已经被归于过去的社会形式、身份和阶级的复苏在其中共存——的不同时间性。我认为,资本不仅破坏了自然的认同基础,而且创造了与反动和解放的政治主张同样密切相关的新认同。因此,我认为,任何试图阐明一种无认同的政治或共同体的企图都必须关注政治化形式的身份继续作为差异性权力标志的方式,并且必须抵制那些将这种政治化的认同看作复古主义——它们注定要被资本主义的虚无化力量冲走——的目的论企图。

德波在 20 世纪 60 年代后期创造了"景观"一词来定义"商品已经达到全面占有社会生活的那一刻"。① 如果阿甘本认为这是命名我们自己时代的最合适的术语,那么这是因为,像德波一样,

---

① Guy Debord, "Separation Perfected", *The Society of the Spectacle*, Detroit: Black and Red, 1983, 42. 这一版本没有标明页数。相反,每个断片却都有编号。因此,这里给出的数字指代断片的编号。

他认为我们正在经历一个时期，一切都被征用并提供给消费，一切"直接生活着的都被交给了表征"，不存在任何"真实"或"自然"，没有任何空间、政治或其他方面，没有完全受制于商品化的逻辑。① 阿甘本对景观的批判是无情的。然而，景观是以那些他认为的，不仅被商品形式捕获，而且还受到的商品形式支配的可能性的名义进行的。在这里，我只想研究其中的一种可能性——阿甘本将其视为"一种自我的新使用"。关于**使用**的想法在阿甘本对没有认同的新形式的个别性——他称之为"任何一个的"——的描述以及他称之为"来临中的共同体"的潜在的共同体时，扮演了一个重要的（如果在很大程度上未经检验的话）角色。② 这种对个别性自身"利用"的关注，而不是自然化和/或政治化的认同之内的约束，被思考可能逃脱主权权力的潜在生命的关切指引着。在阿甘本看来，以实质或事实认同为前提的政治固化了它的主体，通过使政治分配法律权利和代表预定的选区（而不是一片我们可以希冀成为的——而不是我们所是的、关于可能性与变革的领域）的过程使政治合法化。由于认同的固化，政治依赖主权权力来授予权利和代表社会阶级，并以排他性的归属形式和边境控制为前提，以监控身份和权利的边界。因此，为了摆脱这种政治，他认为有必要对个人认同的固定性，以及共同体的实质化（那些实施了包容性地排除他所谓的主权禁令的机制的共同体，**关于**[妇女、澳大利

---

① Guy Debord, *The Society of the Spectacle*, 1.
② 参见 Giorgio Agamben, *The Coming Community*.

亚人等])进行斗争。因此,一种对自我的新使用将导致自我的非自然化和非神圣化,所以,它将作为纯粹的个别性,而不是一种特殊认同的实例存在。阿甘本称这种个别性——它既不是普遍的,从而供奉于"人权"中;也不是特殊的,从而能要求部分权利——为"任何一个的存在",并认为它标志着一个没有任何必要的归属条件、共同命运与工作或者包容、排斥的原则的共同体(如南希所描述的那样,一个诸存在的共在,而不是一个关于本质的共同体①)是可能的。值得注意的是,我想重点关注这一点,即阿甘本对"任何一个的"的说法都依赖于景观产生了一个"无阶级社会"的说法,尽管这种说法模仿了马克思主义的版本,"如今已不再存在社会阶级,"他写道,"而只存在一个行星式的小资产阶级,所有旧有的社会阶级都溶解在这个阶级中"。② 在描述他与这一特点遭遇时的非凡赌注时,阿甘本写道:"这意味着,这个行星式的小资产阶级或正是人就此直面其毁灭的那种形式。但这同时也意味着,它代表了人的历史上一个史无前例的、值得付出一切代价也绝不容使之稍纵即逝的机会。"③令人怀疑的是,一般来说,任何左派思想家都曾把这种巨大的希望寄托在马克思所谓的以"道德义愤"为代表"过渡阶级"中。④ 马克

---

① Jean-Luc Nancy, *The Inoperative Community*, Minneapolis: University of Minnesota Press, 1991.

② Giorgio Agamben, *The Coming Community*, pp. 28 -29.

③ Giorgio Agamben, "Without Classes", *The Coming Community*, p. 64.

④ Karl Marx, *The Class Struggle in France*, Sydney: Resistance Books, 2003, p. 38.

思认为这种"过渡阶级"将逐渐消失,斗争将在"两大敌对阵营"①——无产阶级和资产阶级之间进行。与此相反,阿甘本的观点则是"这种小资产阶级已经遍布这个世界,它是人从虚无主义中幸存下来的形式"②。与马克思不同的是,阿甘本的小资产阶级是景观征用过程的产物,或者更确切地说,是一个残余。阿甘本提供了这一征用的唤起的一种形象:"最像这种新人类的生存的东西,"他写道,"莫过于产品的全部兜售痕迹都从中被抹去的广告片"。③ 小资产阶级是一个虚无化过程的继承者,似乎已经消除了认同的分裂,并使稳固的主体性和自然化的职业变得毫无意义。然而,如果它代表了一个机会,那是因为正是在它的空虚,以及对认同和国家梦想的漠不关心中,阿甘本找到了"任何一个的"正在萌发的种子。他认为,景观的虚无主义揭示出的恰恰是人类的非实质性、非本质性。有史以来第一次,人们可以认识到人类是不

---

① Karl Marx and Friedrich Engels, "The Communist Manifesto", in David McLelland, *The Thought of Karl Marx*, London: MacMillan, 1980, p. 188.

② Giorgio Agamben, "Without Classes", *The Coming Community*, p. 63. 虽然没有说明,但阿甘本的观点可能是,他所说的全人类现在都包含在一个全球性的小资产阶级中,这一点可以用范式而不是描述性的术语来理解。阿甘本认为,在他的工作中,范式被用来"建立和阐明更广泛的问题"(什么是范式)。如果是这种情况,我们需要询问,小资产阶级的范式地位在多大程度上使一系列问题变得易于理解。正如我在下面所建议的那样,阿甘本对这一特征的使用对当代阶级和资本主义时间性阐明了多少,也就模糊了多少。

③ Giorgio Agamben, "Without Classes", *The Coming Community*, p. 64.

必要的存在,或者正如托马斯·卡尔·沃尔所写,"被剥夺的是人类"①。

当阿甘本意图解释"任何一个是什么"时,他所用的方式是讨论爱。他认为,爱既不能通过被爱者的特殊属性来理解,也不能通过忽视这些属性来理解。② 然而,尽管任何一个的存在没有单一的认同可以使他们形成一个以包容或排斥的逻辑为前提的共同体,但他们也没有用阿甘本所谓的"普遍的爱"这一概念的"开端的普遍性"特征(并且可能也是普遍的人类权利),它只能包含普遍性中的个别性。③ 相反,他写道:"爱用它所述谓的一切欲求某物,它的存在如其所是。爱者所欲的只是'这般'(tale)——这就是爱的特殊的拜物教。"④在一个不寻常的转折中,阿甘本将这种爱的理论直接与他对语言力量的描述联系起来:他认为,爱只是"在其这样的存在中看到某种东西"——在其语言中的存在中。对阿甘本而言,语言中的存在是"再好不过的不述谓的特质",存在于那些必须分成诸多类型/阶级(classes)才能意指的语言判断

---

① Thomas Carl Wall, "Radical Passivity", New York: SUNY Press, 1999, p. 156.

② Adam Thurschwell, "Specters of Nietzsche: Potential Futures of the Concept of the Political in Agamben and Derrida", Social Science Research Network, http://papers.ssrn.com/sol3/papers.cfm? abstract_id =969055, p. 33.

③ Giorgio Agamben, "Whatever", *The Coming Community*, p. 2.

④ Giorgio Agamben, "Whatever", *The Coming Community*, p. 2.

之前的领域。① 这意味着这样一个"可爱"存在的共同体自身就没有预设(和诸多类型/阶级)。虽然这一存在可能是以爱为蓝本的,但是它处于他认为正在发芽的景观社会中;他写道:"当代政治学就是这种摧毁式的 experimentum linguae(语言实验),这场实验使这个星球上的一切传统与信仰、意识形态与宗教、身份与共同体全部发生错位并被掏空。"②阿甘本认为,它处于这一虚无化过程中,这剥夺了语言自身的力量,但是由此使其免于作为特定语言和人民的基础被遗弃,这样一种共同体的可能性首次出现。

虽然阿甘本对共同体与爱之间的关系给出了自己的看法,但值得一提的是,他将来临中的共同体与基督徒在爱中建立社会共同体的尝试相提并论。亚当·瑟奇韦尔(Adam Thurschwell)认为,如果"来临中的共同体是一个爱的共同体,那么它远非模仿基督徒的'爱的共同体',因为它的成员已经忘记了上帝的存在"③。虽然来临中的共同体确实没有为天堂而奋斗,而是满足于地狱边境,存在于善与恶之间的幸福空虚之中,但是在宣扬爱对抗律法的保罗处,我们找到了自由使用自我的灵感——阿甘本认为它会引导人性走向它的"更为幸福的第二自然"④。在哥林多前书中,我们读道:"各人蒙召的时候是什么身份,仍要守住这身份。你是

---

① Giorgio Agamben, "Homonyms", *The Coming Community*, p.73.
② Giorgio Agamben, "Shekinah", *The Coming Community*, p.83.
③ Adam Thurschwell, "Specters of Nietzsche", p.33.
④ Giorgio Agamben, "Maneries", *The Coming Community*, p.29.

作奴隶蒙召的吗,不要因此忧虑。若能以自由,就求自由更好"(哥林多前书7:17-22)。虽然可以阅读"就求自由更好"这一短语来表示对自由的使用,但阿甘本认为,它所使用的是奴隶制本身的条件,这一情况将被弥赛亚的神召所废除,在保留事实不变的同时褫夺其意义。

这种解释,我们可以在其中找到一个类比,说明他对景观社会中认同和阶级地位的描述(这里值得注意的是,阿甘本在其他地方称我们自己的时代是弥赛亚时代)仰赖于阅读下列使徒保罗的段落,他在其中发现了"可能是保罗对弥赛亚生活最严格的定义"[①]:

> 弟兄们,我对你们说,时候减少了,从此以后,那有妻子的,要像没有(hos me)妻子。
> 哀哭的,要像不哀哭。快乐的,要像不快乐;置买的,要像无有所得。
> 用世物的,要像不用世物。因为这世界的样子将要过去了。
>
> (哥林多前书:7:29-32)

[①] Giorgio Agamben, *The Time That Remains: A Commentary on the Letter to the Romans*, trans. Patricia Dailey, Stanford CA: Stanford University Press, 2005, p.23.

在这个"要像不"中,阿甘本看到了"关于弥赛亚生活的公式"和虚无化的模式——这种模式在维持立场和认同的同一行为中摒弃了事实上的立场和认同。① 他认为,保罗式的"要像不"不是为了创立一个新的职业或条件,而是为了将每个职业放置在与自身的紧张关系中,准备终结它们。为了描绘这种弥赛亚的紧迫感,阿甘本提出,"保罗使用了一种特殊的表达方式——让他的阐释者思虑重重——chresai(发用)"。② 阿甘本认为,要实现弥赛亚的生活,指的不是自然化的使用形式,例如通过生物学和偶然性的结合简单地实现身份,而是以弥赛亚生活所带来的实质性职业的空洞化的形式为前提。"**使用**,"阿甘本写道,"这就是保罗给予'**要像不**'形式的弥赛亚生活的定义"。③ 阿甘本认为,弥赛亚生活的前提是,通过"要像不"征用每一个律法/事实身份"(割礼/未受割礼、奴隶/自由、男人/女人)"。④ 然而,他写道,"征收并没有建立新的身份";"新的造物"正是旧的使用和救世主的使命。⑤ 因此,"使用"一种事实条件的人不会建立新的条件,而是继续居住在旧的条件的空的形式中。阿甘本通过回到奴隶的例子来明确这一点,强调在保罗关于**使用**的训道词中,奴隶的事实—法律

---

① Giorgio Agamben, *The Time That Remains*, p. 23.
② Giorgio Agamben, *The Time That Remains*, p. 27.
③ Giorgio Agamben, *The Time That Remains*, p. 26.
④ Giorgio Agamben, *The Time That Remains*, p. 26.
⑤ Giorgio Agamben, *The Time That Remains*, p. 26.

条件不会以在其位置建立新的事实—法律条件的方式被否定。因此,使用的目的不是要建立一种新的身份,而这种身份又可以被赋予权利和法律地位,而是,拿旧身份"要像不",从而将其"转移到一个区域,它既非事实的也非法律的,但是从法律中减去,以纯粹实践或简单的'使用'(当然是使用它!)的地方留存的"①。

阿甘本从海德格尔那里获得了对 hos me 的阅读的重要性,海氏将1921年讲座课程的一个重要组成部分用于保罗和"早期基督徒生活经历的特征"②。海德格尔也读到哥林多前书,说奴隶应该仍然是奴隶,这表明在基督徒生活中,"有些东西保持不变但却彻底改变了"③。对于海德格尔来说,对保罗具有决定性意义的"不是对未来事件的期待",而是一种"制定的复杂性(complex of enactment)",一种存在于一个未改变的世界、但却从根本上改变的方式。④ 对于保罗来说,海德格尔写道,"基督再临取决于我的生活方式"⑤。因此,海德格尔所谓的基督徒的"真正的制定复杂性"的定义是由 hos me(要像不)所定义的;他写道,基督徒并没有

---

① Giorgio Agamben, *The Time That Remains*, p. 28.
② Martin Heidegger, *The Phenomenology of Religious Life*, trans. Matthias Fritsch and Jennifer Anna Gosetti-Ferencei, Bloomington: Indiana University Press, 2004.
③ Martin Heidegger, *The Phenomenology of Religious Life*, p. 85.
④ Martin Heidegger, *The Phenomenology of Religious Life*, p. 75.
⑤ Martin Heidegger, *The Phenomenology of Religious Life*, p. 75.

"依附于这个世界",反而剥夺了所有具有世俗意义的东西。① 在《剩余的时间》中,阿甘本简要地提到了海德格尔的讲座课程,以及他认为奴隶应该仍然是奴隶的论点,引用以下重要段落:

> 这些对周围世界的意义方向,朝着一个人的呼唤,朝向一个绝不会决定基督徒的事实性之物。然而,这些关系存于彼处,它们得到了维护,因此首先以真实的方式占用(zuggeeignet)。②

阿甘本用于海德格尔的讲座课程的篇幅不到半页,但他所说的至关重要之处,不仅仅在于理解他背离早期作品《诗节》所献给的那位思想家的程度,也帮助我们理解为什么——尽管在早期的著作中证明,他自己(海德格尔)怀疑"使用"——他开始明确表达需要的,不是占用,而是一种**新的**使用。阿甘本认为,正是在他关于保罗的讲座中,海德格尔预见到了什么将成为《存在与时间》中本有和非本有或本真(eigentlich)和非本真(unigentlich)的辩证法。对于我们的目的来说,这个"辩证法"的重要之处在于"本真除了非本真之外没有任何其他内容",而只是一种把握非本真的改良方式。③ 阿甘本认为,对海德格尔来说,基督教的生活方式不

---

① Martin Heidegger, *The Phenomenology of Religious Life*, p.70.

② In Giorgio Agamben, *The Time That Remains*, p.34.

③ Giorgio Agamben, *The Time That Remains*, p.34.

是取决于世俗关系的内容,而是取决于这些非本真或非本有的关系"在真正的非本有的情况下被占用"的方式。①

在简要总结海德格尔的观点后,阿甘本写道:"对于保罗来说,问题的关键不是占用而是使用,弥赛亚的主题不仅不是由本有性(本真性)定义的,而且保罗也无法将自身把握成一个整体,无论是以本真的决定,还是以向死存在的方式。"②完全涉及海德格尔对本真性的描述超出了本文的范围。尽管如此,值得注意的是,海德格尔关于非本真生活的描述对于阿甘本对景观社会的描述至关重要:在一篇出自《散文理念》的片段中,阿甘本写道:"如果我们想要寻找我们的疏离和社会苦难的形象,那么它仍然是《存在与时间》中对日常生活的描述。"③然而,阿甘本用于占用的替代方式的必要之物是,对他而言,不可能恢复或创造一种本真性或本有性的形式。因此,没有伟大的决定,没有命运;所有可能的事情都是利用景观社会所揭示的非本真的、虚无化的认同。然而,如果阿甘本认为这是一个前所未有的机会,那么这是因为它在真实性的梦想中找到了修复和决定人类本质的愿望,以及随之而来的、被视为非本真或非本有的驱逐(或者最坏的情况下,灭绝);他写道:"对本真的每一次确证都会导致不确实被移除到另一处地方,道德也同时借此高高竖起它的藩篱。对善的攻占因而

---

① Giorgio Agamben, *The Time That Remains*, p.34.
② Giorgio Agamben, *The Time That Remains*, p.26.
③ Giorgio Agamben, "The Idea of Music", *Idea of Prose*, p.89.

必然意味着被驱逐的恶的同步增长;天堂围墙的一次次加固,都相应地反射着地狱深渊的一次次加深。"①阿甘本在一篇关于海德格尔的文章中认为,人类既不是最初寓身在本有当中的(它会假设一种形式的真实性、本质、命运),也不是虚无地栖居在非本有当中的。"相反,人类就是那些本有地与非本有者堕入爱中的。"②要与非本有的人堕入爱中,就是要学会不把存在当作一种财产来对待,并且要接受从没有我们必需的东西产生的可能性。这不是事实,而是一种潜在性的经验。用阿甘本的术语来说,它就是成为"任何一个的"。

如果我们回到本雅明关于救赎的叙述中,我们应该询问阿甘本对使用的理论化给出了什么样的变化。在《来临中的共同体》中,他提供了一个可以帮助阐明这一点的救赎描述:向卡夫卡致意,他写道:"得救具有最内在隐秘的特征:唯当我们不再意图'是'的时候,我们才可能得救。所以,在那一刻,会有拯救,但那并非是为了我们的拯救。"③因此,阿甘本的亵渎救赎在善与恶之间,在这些术语失去了所有意义的不可分辨的区域中。只有在某个时刻,我们放弃所有命运和实质性归属的梦想,国家拯救我们免受自然状态危险的主张因规范与例外之间的边界模糊而被解

---

① Giorgio Agamben, "Taking Place", *The Coming Community*, p. 14.
② Giorgio Agamben, "The Passion of Facticity", *Potentialities*, p. 204.
③ Giorgio Agamben, "The Irreparable", *The Coming Community*, p. 102.

除,我们成为"不可拯救的",我们才被拯救了。① 因此,阿甘本同意保罗·维尔诺的观点,即危险在很大程度上表现为一种避难形式,是"一种可怕的救赎策略"②。阿甘本在关于海德格尔的一篇文章中写道,那些在国家的怀抱中寻求救赎,或者在某种特定形式的认同或排他性归属中寻求救赎的人,就像"未命名的动物主角"(出自卡夫卡的《地洞》)一样"痴迷于建造一个坚不可摧的、一点一点地自我显现的洞穴,而不是一个没有出路的陷阱"③。这意味着,在阿甘本看来,救赎始于民族国家及其集体认同的**崩溃**——它们声称为"人民"提供了"家园",但提供的"只有致命的陷阱"。④ 在这种无效和征用过程之后,剩下的就是他所说的"让得救成为可能的,反倒是那不可拯救的东西;让救赎来临的,反倒

---

① 阿甘本的这种不可救赎的生命的典型例子就是那些在洗礼之前死去、因而永远陷入地狱边境的婴儿的生命。阿甘本写道,对这些婴儿的惩罚——由于原罪而无法到达天堂,但在其他方面完全无辜——不能成为一种痛苦的惩罚,因为"那不会是公正的"。相反,他们的惩罚必须完全是私人的:他们将永远被剥夺看见上帝的能力。然而,阿甘本认为,对上帝的这种无知变成了他们最大的快乐;因为他们一直遗忘了上帝,他的审判无法触及他们;面对他们"在救赎方面的中立性",他是无能为力的。因此,不可救赎的生命是从救赎的神话中解脱出来的纯粹的亵渎生命。参见 Giorgio Agamben, "Limbo", *The Coming Community*, p. 6.

② Paulo Virno, *The Grammar of the Multitude*, trans. Bertoletti, Cascaito and Casson, Los Angeles: Semiotext[e], 2004, p. 34.

③ Giorgio Agamben, "Heidegger e il nazismo", *La potenza del pensiero*, trans. Nicholas Heron, Vicenza: Neri Pozza, 2005, pp. 321 – 331.

④ Giorgio Agamben, "Heidegger e il nazismo", p. 328.

是那不可挽回的东西",也就是说,一个没有任何东西可以留下来拯救——全球小资产阶级的生命的生命。①

然而,在这种情况下,谈论救赎不是谈到神圣的,而是反之让我们回到布洛赫怀疑人类是否有能力的"少许不同"。与只有弥赛亚才能带来将来的世界的观点形成鲜明对比的是,阿甘本提出了对特定形式的实践进行新的使用的可能性,他称之为**亵渎**。他呼唤着罗马法学家的权威,写道:"他们完全清楚地意识到亵渎的意义",他引用了特勒巴体乌斯(Trebatius),后者注意到"亵渎是一个用于曾经神圣或宗教的某物的词语,并且返回到了人的使用或属性"②。在这里,我们看到了使用与神圣之间的关键关系,事实上,阿甘本将神圣或宗教的东西定义为那些已经从人的使用中移除、放置在一个单独的领域、受到"特殊的不可用"的影响之物。③ 根据他早先对神圣之人的描述,他认为牺牲中必不可少的东西必须总是从亵渎到神圣的门槛。阿甘本在《亵渎》中表示,神圣之人是一个从仪式中幸存下来的人,他与其他人区分开来——尽管他被"从他的同类人的正常商业"中移除,他继续生活在他们中间——被暴露在暴力的死亡当中。④ 然而,由于禁止他的牺牲,

---

① Giorgio Agamben, "Tiqqun de la Noche", Postface to *The Coming Community*, 2001, online at Notes for *The Coming Community*, http://notesforthe-comingcommunity.blogspot.com/2008/04/tiqqun-de-lanoche.html.

② Giorgio Agamben, "In Praise of Profanation", p.73.

③ Giorgio Agamben, "In Praise of Profanation", p.73.

④ Giorgio Agamben, "In Praise of Profanation", p.78.

他在神圣的领域中仍然存在"亵渎的残余",这意味着"在牺牲的机器中,神圣和亵渎代表着一个系统的两极。浮动的能指从一个领域移动到另一个领域,而不会停止指向同一个对象"①。虽然牺牲是一把双刃剑,用于分割人与神之间的使用,但在阿甘本看来,它也提供了一种实践形式的可能性——这种实践形式将包含使事物跨越将亵渎与相反方向的神圣分开的门槛,返回到他所说的"自由使用"。

阿甘本所说的"亵渎"就是这种实践,或者说程序,事物通过它被赋予了一种新的、非功利的使用。他写道,在"使用"和"亵渎"之间,"似乎有一种特殊的关系,"我们必须澄清。② 虽然他将亵渎的结果表达为回归使用,但这并不意味着回归到实际存在的先前状态,而是回归到前所未有的状态,就像在卡普罗尼(Caproni)的优美诗歌《回归》(Ritorno)中所唤起的那样,他用《语言和死亡》的"最后一天"作为总结:"我回到那里/我从未去过的地方/没有任何改变/来自曾经不是的模样"。③ 与对世界更具意义性关系的怀旧形成鲜明对比的是,阿甘本拒绝所有回归早期使用的尝试,而且对追索不能存在的使用兴致勃勃,那些使用(方式)被特定领域的事物的刻印,以及手段与目的之间的强制关

---

① Giorgio Agamben, "In Praise of Profanation", p. 79.

② Giorgio Agamben, "In Praise of Profanation", p. 74.

③ Giorgio Caproni, "Ritorno", cited in Giorgio Agamben, *Language and Death*, p. 98.

系所禁止。"亵渎,"他写道,"并不是简单地恢复之前存在的分散到宗教、经济或司法领域的自然使用"。① 相反,亵渎具有新的使用形式的力量,它既非自然的也非功利的,他在景观中发现的积极可能性在于它能够使所有接触的东西改变性质,使这样一种新的使用成为可能。在他的观点中,最为突出的是广告和色情作品"既是人的新身体的无意识的助产妇,也是受雇伴人走向坟墓的哭丧妇"。② 如果说色情作品作为未来社会的"助产士"出现,这是因为,在性行为的变性和堕落中,它为"新的集体性的性使用"开辟了空间。③ 然而,为了避免将此(简单地)视为颂扬色情作品,我们必须注意到,在阿甘本看来,色情也是一种试图捕捉纯粹手段的工具,它创造出一种在其缺乏神圣性情况下的不再能够亵渎之物。惑于工具,"孤独和绝望地消费色情形象取代了新的使用的承诺"④。色情作品,也许是景观的巅峰,将性从其自然化或神圣化中同时解放出来,并将其分散到一个只能被消费但不被使用的领域。以同样的路数,广告使身体摆脱不可言说性,使其同时受到"大众化和交换价值的铁律"的影响,而媒体则将语言从任何指向终结的关系中分离出来,同时用无穷无尽的空虚,使

---

① Giorgio Agamben, "In Praise of Profanation", p. 85.
② Giorgio Agamben, "Dim Stockings", *The Coming Community*, p. 50.
③ Giorgio Agamben, "In Praise of Profanation", p. 91.
④ Giorgio Agamben, "In Praise of Profanation", p. 91.

这种与语词的新关系无效化。① 在景观中,纯粹的手段既被生产又被捕获,因此,在消费领域中,与世界的非功利性关系既成为可能又被分散,这有助于阻止景观开辟的新的使用和经验。

如果像阿甘本明确指出的那样,"使用在这里并不呈现为自然的东西:相反,只有通过亵渎才能达到它",那么我们如何才能亵渎不可亵渎的东西,并从其景观的捕获中释放纯粹的手段?② 我们怎样才能创造出本雅明找到救赎可能性的微小差异? 在宗教方面,亵渎可能有一种简单而平庸的形式,比如触碰神圣物体,如在献祭仪式中,被保留给神的祭品的各个部分(内脏,或者 *exta*③:肝脏、心脏、胆囊、肺)在被触碰之后,再次变得可食用。④ 然而,阿甘本最喜欢的亵渎行为就是,游戏。阿甘本追随埃米尔·本维尼斯特,将流行儿童游戏的起源追溯到宗教仪式,将游戏视为一种分离自曾经上演的神话的重复形式,或者是在文字游戏中没有仪式的神话重复。⑤ 在早期文章《在游乐场——关于历史与

---

① Giorgio Agamben, *The Coming Community*, p.58.
② Giorgio Agamben, "In Praise of Profanation", p.74.
③ exta,古罗马用于献祭的动物内脏。
④ Giorgio Agamben, "In Praise of Profanation", p.74.
⑤ 在《幼年与历史》中,游戏的主题首次出现,它的典范是卡尔罗·柯罗迪的《匹诺曹》中对"玩儿国"的描绘:在游乐园中,一群男孩创造了一个充满乐趣的"混乱"世界,这导致了时间的加速,与制订日历的惯例相反,它导致这一惯例的"瘫痪和破坏"。*Infancy and History: On the Destruction of Experience*, London: Verso, 2007, p.76.

游戏的反思》中,阿甘本引用了一段文章,本维尼斯特将游戏概念化为一种纯粹形式的保存,剥夺了其先前的意义和与目的的关系。本维尼斯特将神圣定义为神话与仪式的结合,他写道:

> 在游戏中,只有仪式幸免,所有保存下来的都是神圣戏剧的形式,其中每个元素都被一次又一次地重新制定。但是被遗忘或废除的是神话,以意涵丰富的词语表达的情节为这些行为赋予了它们的意义和目的。①

阿甘本认为,游戏与神圣之间存在"反向关系",他评论道——借用柯罗迪(Collodi)对《匹诺曹》的"玩儿国"的描述——"玩儿国是一个居民正在忙着庆祝仪式和操纵物体以及神圣词语——然而,他们已经遗忘了它们的意义与目的——的区域"②。

然而,游戏能够减轻神话与仪式的压力,从而使"将人类从神圣的领域中转移出来"的能力不只属于宗教仪式。举例说明,一只猫玩一个线球,仿佛它是一只老鼠,又如"孩子会玩任何出现在他们手中的旧东西",阿甘本认为游戏可以亵渎经济、自然、法律、战争领域的事物,将它们重新用于新的使用方式。③ 这可以帮助我们理解《例外状态》中难以捉摸的观点:

---

① Emile Benveniste, cited in "In Playland", p. 78.
② Giorgio Agamben, "In Playland", p. 79.
③ Giorgio Agamben, *Profanation*, p. 76.

有一天人类将会玩·法,就像小孩子玩着用不着的东西,不是为了还原它们的经典之用,而是为了将它们决定性地自其解放。在法之后所发现的,并不是一种在法之前更本真与原初的使用价值,而是一种只在它之后诞生的新用。①

阿甘本认为,亵渎性的游戏通过打断神圣模式的权力基础,"消除了权力运作的方式,返回到权力攫取的空间的一般使用方式"。② 然而,这种实践依赖于景观的虚无化力量,因为可用于游戏的是那些以前使用且已被侵蚀的废弃物体(或主体),因此可以像玩具一样被用于新的使用。因此,在阿甘本看来,正是这种景观的虚无化力量让我们距离一个亵渎的世界的可能性只有很小的位移。

如果我们简单地将阿甘本的立场与阿方索·林吉斯(Alphonso Lingis)——他也试图为超越认同的共同体确立新的基础——的立场进行比较,那么这种——作为非本真性的自由使用的——亵渎性游戏的描述的重要性可以被具体化。在这里,我将这个比较限制在一篇题为《愤怒(Anger)》的文章中,在文章

---

① Giorgio Agamben, *State of Exception*, p. 64. 参见《例外状态》汉译本,薛熙平译,西安:西北大学出版社,2015年,第100页。

② Giorgio Agamben, "In Praise of Profanation", p. 77.

中——林吉斯与阿甘本对"无阶级"的世界的看法形成鲜明对比——林吉斯在对一个世界巨大的不平等的共同愤怒中看到了共同体的基础,这个世界中,他称之为"技术官僚商业群岛"的消费文化建立在"外部区域"大规模剥削廉价劳动力的基础上。① 在这里,我想集中讨论林吉斯和阿甘本在一个世界中使共同体的可能性概念化的不同方式。双方都同意,在这个世界中,至少我们的大部分人(用林吉斯的说法,群岛上的人)"显得彼此在技术化和拟像中疏远"②。对于林吉斯而言,那些在群岛上的人不仅与他们的劳动产品疏远,而且与他们预先消费的世界疏远,而"外部区域"的人则受到严重的剥削,过着贫困的生活。③ 因此,他认为,只有在愤怒中,我们才能反对使我们自我分化的拟像墙,以及渐渐地显得将他们拦在"外部区域"之外的文字"柏

---

① Alphonso Lingis, "Anger", eds. Sheppard, Sparks and Thomas, *The Sense of Philosophy*: *On Jean-Luc Nancy*, London and New York: Routledge, 1997.

② Alphonso Lingis, "Anger", p. 208.

③ 关于异化问题,林吉斯引用了让·吕克·南希的话,南希写道:"异化'被认为是对需要保留或恢复的原初本真性的剥夺。对原初属性、本真的丰富性和天性的确定的批评在很大程度上导致了异化主题像是一种关于人类原初的自动生产的丧失或窃取的主题。……[尽管如此]存在可以被剥夺其存在的条件:它的力量,它的劳动,它的身体,它的意义,也许总是它的个别性的时空。这种情况不断发生……直到更进一步的关注,'资本'或'世界市场'只有在如此大规模的征用中才能得到保证、才是适当的。"Jean-Luc Nancy, in Alphonso Lingis, "Anger", p. 214.

林墙"。林吉斯写道,这种愤怒,只有在我们与那些人在外部区域、在"他们的单个和社会生活形式的重要性"中发生接触才产生。①

虽然林吉斯承认"关于现在幻象已经在被剥夺继承权者中驱散了阶级意识和工人团结的内容,已经写了很多",但是,他所提供的"外部区域"的形象与他在群岛上所看到的空虚和原子化形成鲜明对比。"在里约热内卢的贫民窟,在哈瓦那摇摇欲坠的建筑物,在雅加达的沼泽棚户区,"他写道,"男人和女人为他们脸上的独特之美,他们腰部的独特激情而感到欢欣"。② 因此,他认为群岛中那些希望发现更"有意义"的生活可能性的人必须摆脱消费引起的麻木并前往"外部区域"。"任何带着消费者兴奋的画面离开电视机,出去探望伊桑(Isaan)的某个村庄、里约的贫民区、雅加达的贫民窟、非洲的村庄的人,"林吉斯写道,"都会发现个性、勇敢以及独特人群的骄傲"。③ 虽然这种分析认识到"外部区域"陷入了维持景观的消费和生产循环中,但它却没有说明这一事实——每年有数百万人离开电视机去"参观某个人的村庄",通常不是带着更深刻的生活意义,以及他们遇到的那些人给我们的"苦恼和愤怒",而是带着一系列数码照片以及一箱廉价——如果那些生产它们的人不仅贫穷而且"传统",那么它们的价值就更高

---

① Alphonso Lingis,"Anger",p. 213.
② Alphonso Lingis,"Anger",p. 200.
③ Alphonso Lingis,"Anger",p. 214.

了——的"正宗"围巾和项链回到家中。①

令旅游业免于林吉斯对景观社会的控诉的是好奇,但这似乎是他强调将群岛与外部区域隔开的鸿沟的更广泛愿望的征兆。因此,虽然外部区域的人正在经历"以独特的享受心态赋予的意义"②,同时,在群岛中,

> 在景观和拟像的文化中,人们被要求设计个人和集体认同的意义和价值。他们被要求用形式、图像、游戏、眼镜——也就是说,超越生活必需品——来设计它们,由此,在景观的短暂愉悦之前,存在的意义被遮蔽了。③

正如林吉斯所强调的那样,世界上有许多人,尽管贫困、生活困难,但确实"设法共处并相互支持"④。毫无疑问,在那些生活被野蛮剥削所吞噬的人中,存在着团结、温柔、个性、勇敢和骄傲

---

① 关于"本真性"的经济价值,请看戴夫·希基(Dave Hickey)的《辩证的乌托邦:圣达菲和洛杉矶》("Dialectical Utopias: On Santa Fe and Los Vegas", Harvard Design Magazine, No. 4, Winter/Spring 1998)。希基写道:"潜在买家关注的是物品的本真性、来源和朴素的吸引力;至于本土手工艺品,买家甚至关注作者的血液、家谱以及他或她的古老的真实性。虽然希基在这里指的是在圣达菲购物,但这种对本真性的关注在林吉斯所说的'外部区域'中,伴随着大众旅游的'购物体验'也是其中的一个方面。"
② Alphonso Lingis, "Anger", p. 214.
③ Alphonso Lingis, "Anger", pp. 210–211.
④ Alphonso Lingis, "Anger", p. 214.

的形式。对于林吉斯而言,这是"外部区域"的一个特定特征,然而,对于阿甘本而言,没有空间处于景观之"外"——没有人们过着更有意义或真实生活的"外部区域"。因此,甚至林吉斯也描述说,正是在景观之内,阿甘本才能辨认出新生命形式的可能性。对于他来说,事实是,即使是以消费为媒介的形式,景观也在呼唤人们"设计他们个人和集体认同的意义和价值",相对于认为这些认同是由生物学或传统决定的,这是一个重要的突破;我们被邀请"从形式、形象、游戏中把它们设计出来",表明我们不再相信人类有内容(或本质),可以自由地把玩生活形式,朝向以前缺乏的运动开放认同。如果"存在的意义被遮蔽了",这可能表明存在没有意义,在这种情况下,我们可能会赋予我们存在的意义,这种意义并非强加于它,而是仅存在于现存中。在我看来,阿甘本对景观的描述使我们能够避免普遍存在于林吉斯对"外部区域"的描述中的贫困浪漫化。关于贫穷和剥削,没有什么使生活具有天生的意义,对于那些人们自身,也没有贫困或剥削必然导致团结或"独特的享受心态"。如果阿甘本的叙述允许我们避免将一个据称存在于景观之外的空间浪漫化,那么我们必须提问,在他对全球化的小资产阶级的看法中,什么产生了不平等、剥削和劳动? 什么产生了愤怒?

在此,我们应该把注意力转向资本主义的不同时间性,资本主义不再被视为单一阶级的创造,而是一种被认为已经成为过去的社会形式的扩散。本雅明所说的"20世纪的法西斯主义是我们这个世纪的奴隶制和强迫劳动"是正确的:"我们对正在经历的事情在20世纪'还'会发生感到惊诧,然而这种惊诧并不包含哲理,因为它不是认识的开端,它还没有认识到它由以产生的历史观本身是站不住脚的。"① 不仅仍然存在着那些将劳动力作为商品出售的人和那些靠利用这种劳动力所产生的利润生活的人,还存在着被所谓遗风的延续和创造所掩盖的"发展"的目的论框架——从奴役劳动到新的奴隶制、性和其他形式。② 如果小资产阶级不是

---

① Walter Benjamin, "On the Concept of History", *Selected Writings*, Vol. 4, eds. Howard Eiland and Michael W. Jennings, Cambridge: Harvard University Press, 2003, p.392. 译文引自《启迪:本雅明文选》,张旭东译,北京:三联书店,2008年,第269页。

② 在《可弃的人民:全球经济中的新奴隶制》中,凯文·贝尔斯研究了当代资本主义中新形式奴隶制的泛滥,他反对这一现象是复古,并强调"新奴隶制"在今天蓬勃发展。"奴隶制,"他写道,"并不是一种安全地限制在过去时代的恐怖,它继续存在于世界各地,甚至在法国和美国等发达国家发展着"。贝尔斯对奴隶制的描述揭示了全球资本主义的一个黑暗面,其特征不是功利关系的减少,而是对待人们的绝对化的工具关系——它们被简单地视为以利润为目的的手段。他写道:"奴隶制是一项蓬勃发展的事业,奴隶数量正在增加。人们使用奴隶致富,当他们用完奴隶时,他们就把这些人抛弃了。这是新的奴隶制,专注于巨额利润和廉价生活。这无关于拥有传统意义上的旧奴隶制的人,而是关于完全控制他们。人们成为赚钱的一次性工具。"贝尔斯指出,由于奴隶制不再合法,人们很可能成为"奴隶""不是通过合法所有权,而是通过暴力的最终权威"。他举了几个例子:一些男人被利润丰厚的工作承诺诱惑到亚马孙金矿城镇,然后被关起来,被迫在矿场工作;年仅11岁的女孩被卖到了地方妓院,如果她们试图逃走将会被杀掉。然而,为了避免被认为这是一个局限于全球最贫困的角落的现象,他还跟踪了一些巴黎的居家奴隶,而且因轻微的"违法行为"遭到殴打。贝尔斯估计,巴黎目前约有3000名家庭奴隶,全球有277万人被困在奴隶制(包括债役工)中。他明确指出,他

马克思的"过渡阶级"中唯一一个在景观社会中具有惊人弹性的,那么如果凯文·贝尔斯认为"今天的活奴隶,比跨大西洋奴隶贸易时期窃自非洲的更多"是正确的,这就给了阿甘本关于保罗的论断——即奴隶应该保持奴隶,把它的事实条件活成"要像不"——一个新的、非隐喻的重要性。① 事实上,如果我们不完全是一个全球性的小资产阶级,如果景观没有使所有的社会阶级和

没有松散地使用这个术语,去指涉恶劣的工作条件和基本维持生计的工资,甚至童工,而是指"为了经济剥削的目的,一个人完全控制另一个人"。贝尔斯揭示了阿甘本对景观创造无差别的认同力量的观点的另一面,他认为,与旧的奴隶制相反,在新的奴隶制中,"今天奴役的标准不涉及肤色、部落或宗教,它们关注于羸弱、轻信和贫困"。Kevin Bales, *Disposable People: New Slavery in the Global Economy*, Berkley and Los Angeles: University of California Press, 2004.

另见大卫·哈维(David Harvey),《新自由主义的空间》,以及西尔维娅·菲德里奇(Silvia Federici)和马西莫·德安吉利斯(Massimo DeAngelis),他们理解了德波所说的马克思"实质吸纳"(real subsumption)理论中的"奇观"——马克思用"形式吸纳"(formal subsumption)来表示劳动关系沿着特定资本主义路线组织起来的环节。他们指出,非自由劳动形式(与无产阶级的"双重自由"劳动——即无产阶级可以自由地出卖其劳动力,不受任何其他生存手段的影响——形成鲜明对比)继续以"特定的资本主义形式存在"。从另一种意义上说,伊安·鲍考姆(Ian Baucom)从本雅明的角度撰写有关大西洋奴隶制历史的文章,表明"现在已经开始的东西不会结束而是持续下去",因为现代性的时代"积累"在大西洋奴隶贸易的基础上。Ian Baucom, *Spectres of the Atlantic: Finance Capital, Slavery and the Philosophy of the Atlantic*, Durham and London: Duke University Press, 2005, p. 333.

① Kevin Bales, *Disposable People: New Slavery in the Global Economy*, p. 9.

认同无效,那么我们应该继续生活在这些社会认同中,将它们活得"要像不"一样的观点,将我们的注意力从他们继续标记那些由国家和地方"主权"强制执行的,不同权力关系、社会从属关系和剥削关系的方式之处转移开来。阿甘本认为,这些认同不再有意义,它们仍然生效但没有重要意义,似乎对那些生活中的可能性完全受制于其中的人提供了一点安慰。这意味着他将我们的注意力转移得太远了,认同继续陷入了或多或少反动或解放的政治计划的范围内。仅仅举一个例子:理查德·皮斯特斯在对"棚户区的抵抗"的深刻分析中指出,印度法西斯运动希夫·塞纳①(Shiv Senna)——在孟买的棚户区建立了它的第一个基地——"是回应社会创新需求的众多极为反动的例子之一",并警告说,"无法保证创造新的社会形式的需求将导致进步的结果"。② 相反,阿甘本的描述很大程度上是疏忽的:商品化或景观化不仅通过侵蚀其自然本体的基础来挑战认同,还产生了新的认同——无

---

① 以马哈拉施特拉邦为中心的印度教民族主义组织。

② Richard Pithouse, "Thinking Resistance in the Shantytown", Mute Magazine, August 2006, p. 5. 在《无目的的手段》中,阿甘本特别注意到我们时代的特点是"越来越强大的对历史事件(民族、宗教或种族类型)的抵抗",但是这些被认为是对先前的、历史的、时间的回归的东西,我们还没有克服,因为我们无法在国家结束的同时思考历史的终结。用他的话说,这种"抵抗"可以被理解为"在没有意义的情况下仍然有效",继续存在,但却剥夺了他们曾经持有的意义。相反,我的主张是,资本不仅剥夺了认同,而且构成了新的认同形式,即使这些形式将自己视为一种对(神话式的)过去的回归。See Giorgio Agamben, "Notes on Politics", p. 113.

论是以主张试图反抗资本主义下的权力差异性分配,对先前的权力等级制度的腐化提出的反对性回应的政治化认同的形式,还是以通过新的欲望和认同化的产物而产生的利基市场的形式。①

---

① 我的分析借鉴了温迪·布朗《伤害的国家:晚期现代性的权力与自由》(States of Injury: Power and Freedom in Late Modernity, Princeton: Princeton University Press, 1995)中的当代认同命运的重要理论。在巴黎的一次研讨会上,阿甘本回应了对他在《来临中的共同体》中的观点,即"行星式的小资产阶级已经接管了无产阶级拒绝任何可识别的社会认同的天赋"的批评,并指出,"如果这样的话,这本书再版时,我将删除这个对行星式的小资产阶级的定义"。See Alain Badiou, "Intervention dans le cadre du Collège international de philosophie sur le livre de Giorgio Agamben : la Communauté qui vient, théorie de la singularité quelconque", transcription de François Duvert, http://www.entretemps. asso. fr/Badiou/Agamben. htm (translation on file). 我要感谢约翰·克里尔利(John Cleary)使我注意到这一次研讨会,并感谢他和贾斯汀·克莱门斯(Justin Clemens)为我提供翻译。虽然阿甘本没有详细说明,但在《剩余的时间》中,他对马克思主义的无产阶级作为弥赛亚主体的考虑,可能部分地是对这一小资产阶级理解的批评的回应。虽然《剩余的时间》并没有对我们自己的时间提出任何要求,但它表明马克思主义无产阶级,就像"新的创造物"一样,必须死于旧世界才能获得新的生命,这是一个自我否定的主体,必须通过自我压抑来自我实现。与作为社会学范畴的工人阶级相比,阿甘本认为无产阶级是一个非实质性的主体,使它转化为能够为自己主张权利的事实—法律主体就是"对马克思主义思想的最糟糕的理解",表明其失去了革命天职。虽然这反映了他早期对小资产阶级的概念化,但在我看来,这并不意味着无产阶级,而不是小资产阶级,是一个今天的弥赛亚主体,而是描述了无产阶级的衰落,它最终被一个社会学上的阶级——"工人阶级"——所取代,与包容—排他性和代表制的主权机制联系在一起。

阿甘本对景观理论化的力量在于他拒绝一切回归到一个所谓更有意义的，认同与社会阶级自然化的、稳定的时期的尝试。在某种程度上，他从这个世界中获得了他的幸福形象，他将我们的注意力吸引到实践的可能性和似乎不存在的争论领域，鼓励我们寻求方法去开辟一种新的、不再被铭刻在自然或传统中的使用方式的世界。尽管如此，在关注以景观对认同和感觉的虚无化为前提的实践形式时，他提供了一个关于我们的世界的片面形象，这种形象不注意认同继续被赋予意义的方式。阿甘本将他对新生活形式的描述仅仅基于景观的虚无化方面，他的分析似乎排除了以下可能性，即救赎实践的形式可能产生于某些地方——在那里，资本主义创造的不是空虚的闲散，而是日常劳动的苦役；不是无用的消费，而是（仅仅）为了维持生存的消费。虽然阿甘本对景观的描述提供了抵抗景观资本主义的某些方面，如消费文化、全球化媒体和娱乐业，现存的旧政治时代的空洞形式（例如那些名不副实的"工"党）的可能性，目前尚不清楚这些策略是否足以对抗贫困或劳动剥削，还是实际上指向集中营。面对认同和劳动剥削仍然固不可彻的认识，我们一方面可以将它们视为最终被景观剥夺和废除，从而形成一个真正全球化的"小资产阶级"的遗物。在这种情况下，阿甘本对景观描述的描述性元素中的任何不准确恰恰都可以被视为是他超越时代的标志，正如马克思在确定无产阶级在全球范围内仍然相对无足轻重的时候，认定它所起的决定性作用一样。① 另一方面，如果资本主义没有这样的目的论核心——我相信它没有，那很可能会继续产生大规模的贫困、强迫劳动和政治化的认同。如果是这种情况，就必须发展一种政治思想，能够考虑到一个事实，即资本主义没有一个目标，但它同样善于唤醒死者，就像它善于将生命世界变得支离破碎一样。

到那时，也许必要的是开始阐述一种根植于社会的政治思想——在这个社会中，无用商品的景观消费与维持基本生活一起存在着，其中存在一个高度流动和灵活的阶级，他们不受国家认同和职业的束缚，他们的房子是由几乎没有其他生存机会的人清理过的，他们的鞋子是在第三世界的血汗工厂生产的，他们担心有关他们的度假目的地陷入独立斗争的报道。

阿甘本自己的想法可以在此帮助我们：在我看来，他对他称为包容—排他性——包含的同时被排除，反之亦然的方式——的描述，比起林吉斯"外部区域"概念的地理划分的隐喻，更有助于理解全球资本主义的拓扑结构。正如阿甘本强调的那样，例如，在民族—国家或人类的范围内，假定了（包含着）排斥和非人的范畴，我们还应该关注景观的消费预设了那些仅仅为了生存而工作

---

① 大卫·哈维将对资本主义下不平衡地理发展的理解描述为"历史—传播式"的解释，这一观点将"发达"国家视为"资本主义的引擎，它将所有其他地区、文化和地方带入经济、政治、制度、知识进步的道路"。哈维认为，这种解释将持续的贫困视为"剩余"，并相信资本主义的扩张会将"倒退的"经济提升到"先进"经济的水平。参见 David Harvey, *The Spaces of Neoliberalization*, p.55.

的人们的(非景观的)生产方式。正如他请我们注意自由主义的"自由"预设了集中营的方式一样,我们应该注意消费自由预设劳教所、自由市场预设"自由经济区"——在那里,劳动法不生效,工会化可以通过法外谋杀来惩罚——的方式。如果我们要公正地对待这样一个世界,并发展出一种适合我们时代的政治思想,我们首先需要认识到资本主义,用神学家保罗·弗莱彻的话来说,只能提供"缺陷形式的救赎"①。因此,要开始形成这样一种思想,就必须放弃对马克思和恩格斯所共享的、本雅明曾警告过的、已经腐化了工人阶级的——使他们相信"它与时俱进",并开始发展对抗它的方法——对资本主义的目的论式的着魔。②

---

① Paul Fletcher, *Disciplining the Divine: Toward an (Im)political Theology*, Surrey: Ashgate, 2009, p. 155.

② Walter Benjamin, "On the Concept of History", p. 393.

关键词对照表

adynamia　不发力

agio　安处

anafora　回指

aureole　光晕

aver lungo　发生, 就位

cosalità　事物性

così　如此

deissi　直呈展示

ek-stasis　离—身

esempio　示例

essere　存在, 是

ethos　气禀

etica　伦理

fuori　在……之外

impassibilità　无知无觉

improprietà　非专有性

individuale 个体

irreparabile 不可挽回的

maneries 式样

nimbo 光轮

non-essere 无—所是

omonimi 可共名却各异其是的东西

potenza 力量, 潜能

potere 权能

principium indivuationis 个体化原则

pseudonimo 假名称

qualunque 任何一个的

quodlibet 可任何一个化

schechina 舍金纳

sì 是

singolarità 个别性

tabula rasa 白板

tale 这般

tale quale 如此这般的

tale qual è 如其所是

tiqqun 复原

universale 共相

译后记

作为当代意大利激进政治思想家的代表,阿甘本取道古典资源思考当代政治,其思想之艰深复杂超越同侪。国内的阿甘本研究在近些年颇具规模,已有大量著作译介。《来临中的共同体》一书写作于20世纪,虽则篇幅短小,但意味深长,乃是阿甘本观察20世纪末之世界革命运动所得出的思考成果。

该书题为《来临中的共同体》,所处理的问题是极为现实的:在20世纪的末尾,革命渐行渐远,人们究竟该如何思考未来共同体的可能?对于阿甘本一代的西方左翼学者来说,资本主义社会中的市民社会固不可取,而20世纪革命中的苏联式共同体亦非理想形式。现实中的共同体总是无法超越个体与共同体的对立,趋向一方而走入极端。使本质各异的事物各就其位,而非整齐划一、无差别地组成共同体,是阿甘本化解这一对立的根本方法。而这一共同体是有待于召唤的,尽管阿甘本在智识中有所预见,但它仍然是"来临中"的,并非现成事物。

在对革命的召唤中,阿甘本给出了一个有趣的图景:"一切都很像现在,只有少许不同。"这与传统改天换地的革命传统迥异。

因为阿甘本首先质疑的就是作为类比天堂—地狱学说的革命观。革命并非是关乎道德上的正义与邪恶的审判,革命也无须从外部获得某种超验的伦理性。那么,革命所接引的未来的共同体也就内蕴于当下的世界本身,所不同者,只是那一极难实现的"少许不同"。而这少许不同,就是对共同体与个体、共相与殊相这一传统对立的超越。在"任何一个的"事物与"示例"中,阿甘本发现了这一超越在理论上的可能性——它们既是特殊的又是普遍的,而个别性之所以不是不可通约,就在于它并非是一种固定性质,而是一种自我生成的活的方式。个别性意味着对"本己的自由运用",而这一运用实现的方式则是"爱",阿甘本为此特别援引了马西农的代换学说。

那么善与恶的伦理又在何处呢?天堂与地狱的对立被取消了,世界只能在世界之中展开。在这个受造物的世界,只有当我们认识到自身无法在任何目的论的规范中得到救赎之时,救赎才开始展现。善是从其"本己"各就其位,恶便是那些使我们不能"本己"地成为自己的力量。在这一基础上,阿甘本援引亚里士多德的"力量(潜能)"学说,指出"任何一个的"主体所拥有的力量并非是亚里士多德式的、被"形式"所决定的目的论的力量,而是中止"形式",回到自身的力量——这就是人的力量的可能性,就是唯一可能的"善",也就是那个来临中的共同体与今日世界的"少许不同"。

经历了一番理论上的迂回,阿甘本对社会阶级问题的判断锁定在"行星式的小资产阶级"身上。在他看来,这一类小资产阶级被景观所架空,脱离了一切旧有的个别性形式——由于人走向经典意义之自由"人"之路已被堵死,反而得以回归到真正的"无预设、无主体",以本己方式寻回自身与真正的共同体。

这就是阿甘本在20世纪革命普遍失败的基础上所得出的悲中见喜的判断,它将语言与思想运用到极端,目的是使语言、思想乃至建基其上的整个资本主义意识形态暴露出来。可以说,阿甘本本身就是在用他所说的"不去是"的力量解构阻塞未来共同体来临的一切现成之"是"。他所预言的共同体并非是一个得以遵照办理、重新组织社会的答案,而是一种指引我们重新塑造共同体之可能的先导。毕竟,答案不在任何"之外的东西",当我们各就其位,新的世界就在我们之中展开。

虽然我对阿甘本理论的兴趣由来已久,不至陌生,但翻译《来临中的共同体》仍是我学术生涯的一项挑战。全书篇幅虽短,翻译历时仍一年有余。文本中饱含的理论思辨,古典学养以及语言的复杂艰涩,仅以我有限的学术水平与语言能力,实难独立担此大任。

在此,首先要感谢主编徐晔与陈越老师的信任,将这一书稿托付于我。本书初稿由王立秋兄从英译本译出,笔者在此基础上又从意大利文原版进行重译。译稿后经赵文老师大量修改,最终由我统稿。在此对两位合作者付出的劳动表示感谢。感谢西北大学出版社的任洁老师,前后事务一再劳烦,译者铭感于心。感谢导师王晓明先生的培养,"巨大灵魂"的每一次教诲都是我在学业路上前进的动力。感谢我内心中的学术偶像罗岗、丁耘老师一直以来的教导与关注,感谢陪伴着我一路求学的各位老师与朋友,以及支持我最多的亲爱的家人们。

本书的翻译工作虽至此完结,但学无止境,尤其是在翻译与理论学习方面,仍然有待于读者诸君批评指正。若有舛谬讹误之处,自当从善如流。

相 明

2019 年 11 月

著作权合同登记号：陕版出图字 25-2012-127

图书在版编目(CIP)数据

来临中的共同体／(意)吉奥乔·阿甘本著；相明，赵文，王立秋译. ――西安：西北大学出版社，2019.12(2023.3 重印)
ISBN 978-7-5604-4482-6

Ⅰ.①来… Ⅱ.①吉… ②相… ③赵… ④王… Ⅲ.①共同体－研究 Ⅳ.①D033

中国版本图书馆 CIP 数据核字(2019)第 284090 号

来临中的共同体
[意]吉奥乔·阿甘本 著
相明 赵文 王立秋 译

出版发行：	西北大学出版社
地　　址：	西安市太白北路 229 号
邮　　编：	710069
电　　话：	029－88302590
经　　销：	全国新华书店
印　　装：	陕西博文印务有限责任公司
开　　本：	889 毫米×1194 毫米　1/32
印　　张：	7
字　　数：	120 千
版　　次：	2019 年 12 月第 1 版　2023 年 3 月第 2 次印刷
书　　号：	ISBN 978-7-5604-4482-6
定　　价：	49.00 元

本版图书如有印装质量问题，请拨打电话 029－88302966 予以调换。

La comunità che viene

© 1990 and 2001 by Giorgio Agamben.

Originally published by Giulio Einaudi editore, Torino, Italia.

reprinted by Bollati Boringhieri editore, Torino, Italia.

Chinese simplified translation copyright © 2019

By Northwest University Press Co. , Ltd.

ALL RIGHTS RESERVED

精神译丛（加*者为已出品种）

第一辑

*从莱布尼茨出发的逻辑学的形而上学始基	海德格尔
*德国观念论与当前哲学的困境	海德格尔
*正常与病态	康吉莱姆
*孟德斯鸠：政治与历史	阿尔都塞
*论再生产	阿尔都塞
*斯宾诺莎与政治	巴利巴尔
*词语的肉身：书写的政治	朗西埃
*歧义：政治与哲学	朗西埃
*例外状态	阿甘本
*来临中的共同体	阿甘本

第二辑

*海德格尔——贫困时代的思想家	洛维特
*政治与历史：从马基雅维利到马克思	阿尔都塞
怎么办？	阿尔都塞
*赠予死亡	德里达
*恶的透明性：关于诸多极端现象的随笔	鲍德里亚
*权利的时代	博比奥
*民主的未来	博比奥
帝国与民族：1985—2005年重要作品	查特吉
*政治社会的世系：后殖民民主研究	查特吉
*民族与美学	柄谷行人

第三辑

*哲学史：从托马斯·阿奎那到康德	海德格尔
布莱希特论集	本雅明
*论拉辛	巴尔特
马基雅维利的孤独	阿尔都塞
写给非哲学家的哲学入门	阿尔都塞
*康德的批判哲学	德勒兹
*无知的教师：智力解放五讲	朗西埃
*野蛮的反常：巴鲁赫·斯宾诺莎那里的权力与力量	奈格里
*狄俄尼索斯的劳动：对国家—形式的批判	哈特 奈格里
免疫体：对生命的保护与否定	埃斯波西托

第四辑

*古代哲学的基本概念	海德格尔
黑格尔《精神现象学》的发生与结构（上卷）	伊波利特
卢梭三讲	阿尔都塞
*野兽与主权者（第一卷）	德里达
*野兽与主权者（第二卷）	德里达
黑格尔或斯宾诺莎	马舍雷
第三人称：生命政治与非人哲学	埃斯波西托
二：政治神学机制与思想的位置	埃斯波西托
领导权与社会主义战略：走向激进的民主政治	拉克劳 穆夫
德勒兹：哲学学徒期	哈特

第五辑

基督教的绝对性与宗教史	特洛尔奇
黑格尔《精神现象学》的发生与结构（下卷）	伊波利特
哲学与政治文集（第一卷）	阿尔都塞
疯癫，语言，文学	福柯
与斯宾诺莎同行：斯宾诺莎主义学说及其历史研究	马舍雷
事物的自然：斯宾诺莎《伦理学》第一部分导读	马舍雷
*感性生活：斯宾诺莎《伦理学》第三部分导读	马舍雷
拉帕里斯的真理：语言学、符号学与哲学	佩舍
速度与政治	维利里奥
《狱中札记》新选	葛兰西

第六辑

生命科学史中的意识形态与合理性	康吉莱姆
哲学与政治文集（第二卷）	阿尔都塞
心灵的现实性：斯宾诺莎《伦理学》第二部分导读	马舍雷
人的状况：斯宾诺莎《伦理学》第四部分导读	马舍雷
帕斯卡尔和波-罗亚尔	马兰
非哲学原理	拉吕埃勒
连线大脑里的黑格尔	齐泽克
性与失败的绝对	齐泽克
探究（一）	柄谷行人
探究（二）	柄谷行人